Siegfried Borris

Praktische Harmonielehre

SIEGFRIED BORRIS

Praktische Harmonielehre

Heinrichshofen's Verlag · Wilhelmshaven

CIP-Kurztitelaufnahme der Deutschen Bibliothek

Borris, Siegfried
Praktische Harmonielehre. – 2., erw. Neuausg.,
2. Aufl. – Wilhelmshaven: Heinrichshofen, 1977.
ISBN 3-7959-0103-9

2. erweiterte Neuausgabe

2. Auflage 1977
erschienen im Heinrichshofen's Verlag,
Wilhelmshaven, Locarno, Amsterdam

Gesamtherstellung: Heinrichshofen's Druck, Wilhelmshaven
Printed in Germany
ISBN 3-7959-0103-9
Bestellnummer 12/103

Inhaltsverzeichnis

Vorwort

In der Beurteilung über den Wert oder Unwert der Harmonielehre im Fächerkanon einer musikalischen Berufsausbildung gehen die Meinungen auch heute noch weit auseinander. Die alten Vorwürfe, daß der Harmonielehre-Unterricht die Schüler meist langweile und fast nur unbefriedigende Ergebnisse zeitige, bestehen zu Recht. Unbestreitbar ist auch, daß das Absolvieren des Pensums viel zu lange dauert; dadurch wird die Möglichkeit verbaut, daß junge Musiker auch andere Tonsysteme bzw. Strukturlehren kennen lernen, die interessanter, attraktiver und für ihre spätere Praxis möglicherweise viel bedeutender sein können. Dabei fehlt es nicht an Bestrebungen, Reformen auf diesem Gebiet nicht nur zu proklamieren, sondern auch zu realisieren. Daß sie ernst gemeint sind, steht außer Zweifel. Statt hämischer oder polemischer Vorwürfe über das bisherige Versagen sollte man die Gründe dafür klar erkennen. Sie liegen in dem altmodischen Ballast, den nicht etwa nur die zahllosen Lehrbücher mitschleppen, sondern vor allen in den Lernzielen selbst, die durch die immer noch geltenden Prüfungsaufgaben sanktioniert und zementiert werden. Hierbei handelt es sich etwa um Aufgaben, die das schriftliche Ausarbeiten von Generalbässen, und zwar vierstimmig nach den Regeln des „reinen Satzes", oder um die generell vierstimmige Volksliedharmonisation am Klavier oder um Modulationen als Akkordverbindungen ohne Rücksicht auf musikalischen Geschmack.

Diese leidigen Aufgaben sind anfechtbar, und zwar nicht nur wegen ihrer oft grotesken Geschmacklosigkeit, sondern mehr noch wegen der in ihnen enthaltenen didaktischen Probleme; sie enthalten Widersprüche und Fehler im System und Unrichtigkeiten gegenüber dem Historischen.

1. **Generalbaß.** Der B. c. ist eine Griffschrift und als solche zu lehren. Es ist abwegig, ihn mit Akkordfunktionen zu belasten. Es stellt eine Verbiegung seines ursprünglichen Sinnes dar, ihn immer wieder schreiben zu lassen und dabei noch an die Vierstimmigkeit zu binden, die in der Generalbaßpraxis keineswegs verpflichtend war.
2. **Kadenz.** Das sture Festhalten und unaufhörliche Wiederholen der Folge I-IV-V-I widerspricht allen Hörerfahrungen aus Klassik und Romantik, wie sie jeder Musikstudent schon zu Beginn des Unterricht mitbringt. Auf diese Weise werden sowohl Harmonisation wie Improvisation blockiert.
3. **Quintenzirkel.** Seine innere Unlogik (Fis soll notgedrungen = Ges sein) ist oft dargestellt worden und erschwert die Nutzanwendung und Vorstellung des Fortschreitens in Quintabständen nach beiden Richtungen.
4. **Harmonisation.** Obwohl seit Jahrzehnten Liedsätze für Klavier in geschmeidigen, vorwiegend dreistimmigen Sätzen verwendet werden oder man sich mit einer einfachen instrumentalen Gegenstimme begnügt, wird aus dieser Praxis im Harmonielehre-Unterricht noch kaum die notwendige Konsequenz gezogen.

Hierzu kommt häufig erschwerend noch eine alte akademische Denkart: die Verfemung des Klaviers im Harmonielehre-Unterricht. Zugunsten einer „inneren Tonvorstellung" sollen theoretische Arbeiten auf dem Papier exerziert werden, während das Klavier nur gelegentlich zu Überprüfungen herangezogen wird.

Dagegen steht die Erfahrung, daß vom Hören und Spielen bestimmte harmonische Zusammenhänge leichter konkretisiert werden können, für die auch der Anfänger ja schon vage Vorstellungen mitbringt. Erst durch das Verbalisieren werden Zusammenhänge verstandesmäßig klar und überprüfbar. Didaktisch verwertbar können doch „innere Tonvorstellungen" nur dann sein, wenn sie auf zuverlässigen Erfahrungen beruhen. Der junge Musiker wird mit Unterstützung von Hören und Greifen schneller zu theoretischen Ergebnissen kommen, eben weil er sie – begreifen kann. Papierene Exerzitien bleiben meist stumm für den Studenten, und manche korrekten Schreibübungen enthalten so hanebüchene Verstöße gegen Musikalität und Geschmack, daß der gleiche Schüler solche Ergebnisse, sobald sie erklingen, selbst ablehnen würde.

Diese Überlegungen führen zu der Einsicht, daß unter heutigen Umständen schon viel gewonnen wäre, wenn der Harmonielehre-Unterricht eine methodische Revision erführe; eine sinnvolle Vereinfachung würde eine Verkürzung der Unterrichtszeit mit sich bringen. Der enge Zusammenhang zwischen Harmonielehre und Gehörbildung hat als selbstverständliche Voraussetzung zu gelten. Der lehrplanmäßige Aufbau könnte folgendermaßen aussehen:

Die Akkordlehre des Generalbaßspiels wird als reine Akkordgriff-Praxis behandelt und entsprechend den historischen Fakten nicht mit dem Prinzip einer strengen Vierstimmigkeit (quasi als „Kontrapunkt erster Gattung") verquickt. Auch das Schmackhaftmachen von bezifferten Bässen durch romantisch-chromatische Tonpoesien (vgl. Thuille, Juon, Hindemith) ist ein überflüssiger Ballast für diese Disziplin. Beschränkt man sich auf die wichtigsten Grundkenntnisse und Spielfertigkeiten, läßt sich dieses Gebiet in etwa drei Monaten gut erarbeiten.

Dadurch, daß Choralmelodien ebenfalls generalbaßmäßig notiert und selbst Modulationsaufgaben hin und wieder nur in den Außenstimmen geschrieben werden, ergibt sich auch später Übungsgelegenheit genug für die Generalbaß-Praxis. Richtschnur für Maß und Art der Aufgaben sollte stets das spontane fließende Vom-Blatt-Spielen originaler Continuo-Stimmen von Corelli, Telemann oder Bach sein.

Bei der Modulationslehre ergeben sich die immer wieder beobachteten Schwierigkeiten des Verstehens einer Aufgabe aus der Unlogik des nun einmal herrschenden Bildes vom Quintenkreis. Ersetzt man diese Metapher durch die Vorstellung einer Quintenreihe, so sind Abstände und Wege in Modulationsaufgaben leicht erkennbar. Der Vergleich mit einem Thermometer, an dessen Nullpunkt in der Mitte das C-Dur stünde, ist sinnfällig; die Quintenabstände entsprechen dann der Zahl der Erhöhungen bzw. der Erniedrigungen. Die Modulationslehre kann bereits am Ende des 2. Semesters beherrscht werden.

Voraussetzungen für das Modulieren wie auch für das Harmonisieren von Melodien ist ein praktikables Umgehen mit Akkorden und Kadenzen. Auch hier kann es erheblichen Nutzen bringen, wenn man sich aus der Starre des alten I-IV-V-I Schemas befreit. Da bei den Klassikern und Romantikern fast ausschließlich die Kadenzfolge I - II^{6}- ${6 \atop 4}$ - V - I benutzt wird, bildet diese auch für den Schüler ein vertrautes Hörmodell. Dieses wird ihm beim Spielen von Kadenzen und Modulationen nutzen, und aus dieser Voraussetzung wird das improvisatorische Beweglichmachen der Oberstimme keine Schwierigkeiten bereiten.

Im Mittelpunkt des 3. Semesters könnte die Harmonisationslehre stehen. Geht sie von der bereits im Generalbaß angezielten Vorstellung der „übergeordneten Zweistimmigkeit" aus, so läuft dieser Aufgabenbereich nicht Gefahr, in eine praxisferne Isoliertheit zu geraten. Der Schüler, der eine konsonante Baßgegenstimme zu einer Choral- oder Liedmelodie spielt, hört oder schreibt, hat damit einen wesentlichen Teil der Tonsatzlehre zumindest vorgeformt. Von hier aus ist das rhythmische Verselbständigen des Basses (oder der Gegenstimmen) oder sogar dessen Versetzung als Oberstimme zu einer Melodie im Baß kein fernes Ziel mehr. Die Entwicklung von der konsonanten Gegenstimme in der Liedharmonisation über das Hinzuziehen der Quarte bis zu einem späteren

Verwenden freigeführter Septimen und Sekunden kann jeden Schüler bruchlos in den Bereich einer erweiterten Tonalität einführen. Auf diesem Wege würde der Unterricht in Harmonielehre der künstlerischen Realität näherkommen.

Die hier gezeigte ökonomische Straffung der Unterweisung ermöglicht es, den Stoff der Harmonielehre in drei Semestern verständlich, bewußt und gebrauchsfähig zu machen. Damit werden fünf Semester des normalen vierjährigen Musikstudiums zur Erarbeitung anderer Tonsatztechniken usw. frei, ohne die eine musiktheoretische Ausbildung mangelhaft bliebe.

Die Akkordlehre

Unter „Akkord“ versteht man den Zusammenklang mehrerer und zwar mindestens dreier Töne. [2 Töne bilden „Intervalle“.] Von allen Zusammenklangs-Möglichkeiten, die sich in polyphonen Stimmführungen „zufällig“ binden oder im raffinierten Klangsatz um 1900 in ungeahnter Fülle wuchern, nimmt der sogenannte „Dreiklang“ eine Sonderstellung ein als Urtyp der einfachsten Akkord-Beziehung von 3 Tönen untereinander. Die seit Rameau (1722) festgelegte Methode, alle Zusammenklänge als Drei- oder Vierklänge und deren Abwandlungen [Umkehrungen, Vorhalte usw.] aufzufassen, hat sich bis in die neueste Zeit als praktisch erwiesen. Einfache Drei- und Vierklänge und klare harmonische Akkordverbindungen werden in der Wiener Klassik und frühen Romantik bevorzugt und gehören zu dem unser Ohr von Kindheit an bildenden Volkslied. Dadurch ist bei den meisten Musiktreibenden das Gefühl der Vertrautheit mit der Dur- und Moll-Tonalität und dem Akkordaufbau so gestärkt, daß selbst ein wenig geübter Laie den „Grundton“ aus einem Dreiklang zu bestimmen vermag. Schon nach kurzer Übung ist ein Schüler meist imstande, z. B. das *c* in seinen wechselnden Beziehungen zu den verschiedenen Grundtönen wahrzunehmen und evtl. selbst zu bestimmen.

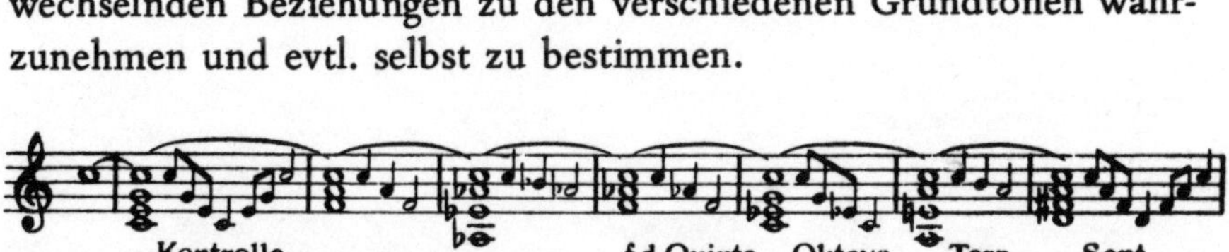

Neben dieser [für die ganze Harmonielehre grundsätzlich erforderlichen] **gehörsmäßigen** Bewußtmachung des Phänomens der akkordischen Funktionalität eines Tons kann ein Hinweis auf die in der akustischen Teiltonreihe begründete Harmonie der Klänge nützlich sein, da sich über [bzw. in!] dem Grundton *c* ein Klanggebäude erhebt, dessen 4., 5. und 6. Teilton den **Dur-Dreiklang** *c-e-g* darstellen. Der Begriff „Dreiklang" hat also neben der Feststellung:

„Summe von 3 Tönen" noch die speziellere Bedeutung: diese 3 Töne haben eine bestimmte **Struktur**, indem **einer** als **„Grundton"** [hier *c*] aufzufassen ist, zu dem die beiden anderen Töne als **„Terz"** (*e*) und **„Quinte"** (*g*) bestimmte klangliche und harmonische Funktionen haben. Diese Akkordfunktionen bleiben unverändert, wie ein Akkord in seinen Einzeltönen aus gelagert sein mag.

Von *c-e-g* ist *c* immer Grundton (Bezeichnung: 1 od. 8)
e " *Terz* " 3
g " Quinte " 5

Hat der Grundton [mit seiner Verdopplung in der Oktave (8)] die Fundamentkraft, so bildet die Quinte (5) die wölbende konsonante Raumwirkung des Akkords, während die Terz (3) die Färbung, die Charakterisierung und Bestimmung des Tongeschlechts „Dur" oder „Moll" herbeiführt. Darum dürfen weder Grundton noch Terz im Akkord fehlen.

Der terzenweise Aufbau der Akkorde in ihrer Grundgestalt

ist ein Auffassungsprinzip, das es uns ermöglicht, die Fülle der harmonischen Tonverbindungen auf eine kleine Zahl von Grundformen und **Umkehrungen** zurückzuführen.

Dabei ist von entscheidender Bedeutung, welcher Akkordton im **Baß** liegt. Die Gruppierung der übrigen Töne in den anderen Stimmen spielt hierfür keine Rolle. Es liegt bei der

Grundform der **Grundton** im Baß
1. Umkehrung die Terz im Baß
2. Umkehrung die Quinte im Baß
3. Umkehrung die Septime im Baß

Diese Regel gilt für alle Arten von Akkorden, ob sie nun Durdreiklänge [mit großer Terz] oder Molldreiklänge [mit kleiner Terz] oder verminderte Dreiklänge [mit kleiner 3 und verminderter 5] sind oder Septakkorde [mit großer 3, reiner 5 und kleiner 7 = „Hauptseptakkord“] oder „Nebenseptakkord“ [mit kl. 3, r. 5, kl. 7; mit gr. 3, r. 5, gr. 7 usw] oder verminderte, übermäßige Akkorde [mit verminderter bzw. übermäßiger 5].

An Stelle der umständlichen Bezeichnung: „1. Umkehrung“ usw. benutzt man die seit dem Aufkommen rein harmonischen Denkens um 1600 gebräuchliche **Generalbaß-Bezeichnung**: Sextakkord usw.

Der Generalbaß hat von Viadana, Monteverdi und Schütz bis J. S. Bach eine große Entwicklung durchgemacht. Grundsätzlich stellt er eine Repräsentation der Harmonie im continuierlichen Baß dar, indem vom Baß aus der zu greifende Akkord nach seinen Intervallen [zum Baß] einfach zahlenmäßig ausgedrückt wird. Soll z.B. zum *c* das *f* und *a* klingen, so steht unter dem *c* eine $\substack{6\\4}$. Soll zum *c* das *e, g* und *ais* kommen, so muß man unter *c* $\substack{\sharp 6\\5\\3}$ schreiben. So konnte man schließlich [bei Bach] alle erdenklichen „zufälligen" durch Vorhalte und Vorwegnahmen entstehenden Akkorde [polyphon. Gewebe] durch Ausrechnen ihrer Intervalle zum Baßton darstellen.*

Anfangs freilich benutzte man fast ausschließlich Dreiklänge in Grundform [Schütz] und dafür brauchte man die selbstverständliche Ergänzung $\begin{smallmatrix}5\\3\end{smallmatrix}$ nicht zu schreiben. Es genügte der Baßton. Er bedeutet: Spiele zum Baßton den vollen Dreiklang! Ebenso bedarf der Vierklang statt der ausführlichen Bezeichnung $\begin{smallmatrix}7\\5\\3\end{smallmatrix}$ nur der 7, da 3 und 5 selbstverständlich sind. Sollte aber ausnahmsweise [bei Bach öfter] z.B. zu *c* statt *e-g-b* das *d-f-b* klingen, so finden wir unter *c* $\begin{smallmatrix}7\\4\\2\end{smallmatrix}$

Die folgende Tabelle stellt die wichtigsten Akkorde dar, die in Harmonielehre [reiner 4-stimmiger Satz] und Generalbaß gebräuchlich sind. Sie müssen sich grifftechnisch zu klar vorstellbaren „Formen" einprägen.

Dreiklänge, Sept- und Nonenakkorde und ihre Umkehrungen

In der Harmonielehre gebraucht man zur Schulung der Regeln von Akkordaufbau, Stimmführung und Melodiebildung gewöhnlich den sogenannten „reinen 4-stimmigen Satz", dessen Vorbild z.B. in einfachen Choralsatz zu finden ist. Beim Spielen empfiehlt es sich, zunächst drei Stimmen [Sopran, Alt, Tenor] mit der rechten, den Baß mit der linken Hand zu greifen. So wird die Aufmerksamkeit auf die beiden Außenstimmen konzentriert. Der Baß, [der so „kontinuierlich" bleibt,] entscheidet über die „Form" des Akkords, der Sopran über seine „Lage" [Oktav-, Terz- oder Quintlage].

* Vgl. die Orgel-Continuo-Stimme zu dem gewaltigen Introitus-Gefüge in Bachs „Matthäus-Passion"

Im 4-stimmigen Satz muß bei Dreiklängen [und ihren Umkehrungen] ein Akkordton verdoppelt werden. Seiner strukturellen Bedeutung gemäß hat der Grundton die größte Eignung zur Verdoppelung; nach ihm käme die Quinte in Frage. Die Terz wird selten, Septime fast nie, None niemals verdoppelt. Darüber entscheiden Stimmführung und Zusammenhang.

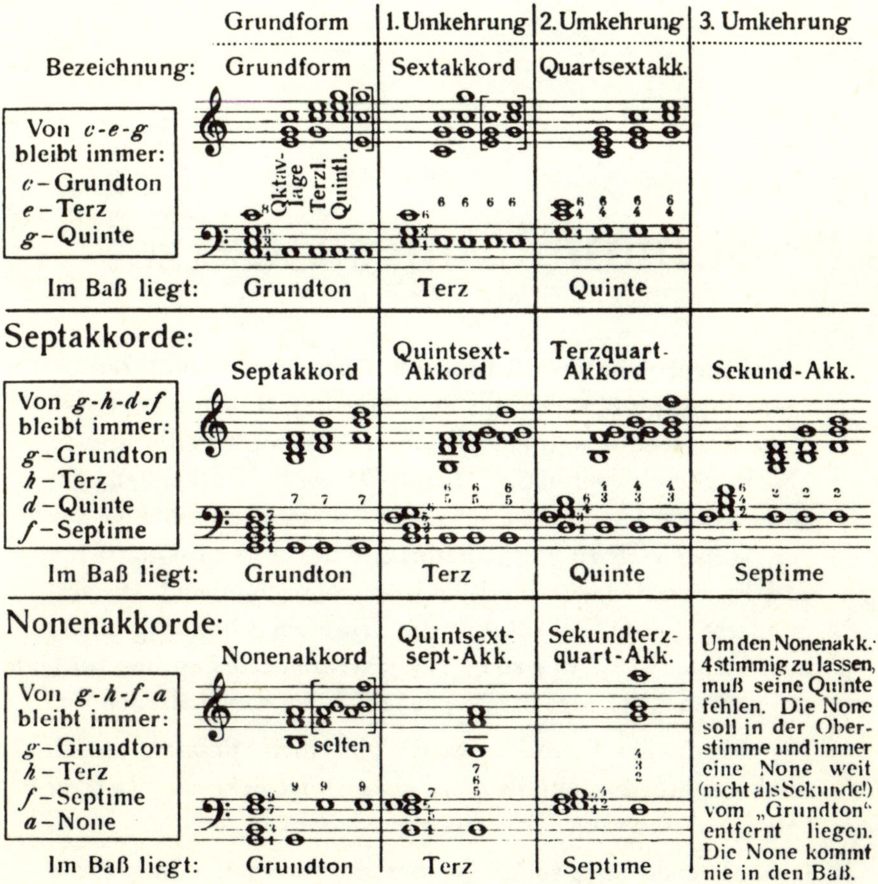

Man übt diese Akkorde am besten, indem man sie [zunächst in C-dur] aufwärts gehend auf jedem Baßton aufbaut, – ohne Rücksicht, ob ein Akkord an sich „schön“ klingt.

Die Stimmführungs-Gesetze

Regeln:

1. **Die akkordlichen Verpflichtungen** [Dissonanzen und Intervallspannungen]: z.B. sollen alle Septimen und Nonen schrittweise abwärts aufgelöst werden. Alle übermäßigen Intervalle streben „nach außen“: übermäßige Quarte [Tritonus] zur kleinen oder großen Sexte [*c-fis* zu *h(b)-g,* selten *h-gis*] und übermäßige Sexte zur Oktave [*c-ais* zu *h-h'*] Übermäßige Sekunde zur Quarte [*c-dis* zu *h-e*]. Verminderte Intervalle streben „nach innen“. Die verminderte Quinte [Umkehrung des Tritonus] geht zur [großen oder kleinen] Terz [*h-f* zu *c-e (es)*]; verminderte Septime zur Quinte [*cis-b* zu *d-a*]. Vorhaltstöne gehen in den vorgehaltenen Ton.

2. **Die melodischen Erfordernisse der einzelnen Stimmen**: unmelodische Tonfortschreitungen wie übermäßige Sekunden [z.B. *as-h, c-dis*] sind untersagt, Tritonus unerwünscht.

   Dissonierende Töne sollen „vorbereitet“ werden, d.h. in derselben Stimme bereits erklingen, in der sie beim nächsten Akkord die Dissonanz bilden, z.B.

g	*a*	
e —	*e*	Dissonanz
c	*c*	
C	*F*	7

Leittöne schrittweise auflösen! Aufwärts, aber auch abwärts z.B. *cis* nach *d, des* nach c. [Vgl. Schubert, Klav. Son. B-dur, op. posth. 1. Satz Durchführungsteil: Richtungswechsel *cis-d und des-c*].

3. **Die Beziehungen zwischen den fortschreitenden Stimmen.** Verboten sind: parallel gehende oder springende Quinten, Oktaven und Primen zweier Stimmen. Gut sind: parall. Terzen, Sexten und Quarten in Sextakkorden. Vorsicht bei parall. Sekunden und Septimen! Erlaubt ist die parallele Führung einer reinen Quinte in eine verminderte. Vermeide die umgekehrte Folge. Gegenbewegung ist immer gut und oft notwendig zur Vermeidung verbotener Fortschreitungen [z.B. wenn der Baß schrittweise auf- oder abwärts geht!]

Auflösung von Septimen, None, Tritonus, übermäßige Sexte Sekunde

verminderte Quinte, Septime Vorhalte

Schlechte und falsche Fortschreitungen Gut: Gegenbewegung

übermäßiger Sekundschritt Tritonus parallele Quinten, Oktaven

Grundsätzlich soll bei Akkordverbindungen der gleiche Ton in gleicher Stimme bleiben.

vorbereitete Dissonanz

Beachte bei den folgenden Übungsaufgaben: Ein ♯ oder ♭ verändert das Intervall, vor dem es seht. Steht es allein, so bezieht es sich auf die Terz. Haben Baßnoten einen Strich(–), dann sind sie nur verbindende Durchgangstöne und sollen keine eigenen Akkordgriffe erhalten.

Der Generalbaß

Die wichtigsten Generalbaß-Regeln

ergeben sich aus den beiden Grundelementen der Harmonie: Aufbau [vertikal] und Fortschreitung der Stimmen [horizontal]. Die Generalbaßschrift ist ja [ähnlich wie die „Tabulatur"] eine verkürzte Schreibart von Griffen [Zahl=Intervall zum Baß]. Darum muß man sich vor allem die „abgekürzten" Zeichen gut einprägen.
Es bedeutet also:

	[8]		[8]	6	[8]		7	6	6	4	6		6		9	7	14	4	10
[5] =	5	6 =	6	=	6	7 =	5	=	5	=	4	2 =	4	9 =	7	6 =	12	3 =	4
[3]	3		3	4	4		3	5	3	3	3		2		3	5	6	2	2

Zur Übung dieser Akkorde ist es gut, auf dem gleichen Baßton die Drei- und Vierklänge nacheinander zu spielen. Ergänze folgende Übung durch alle Töne [sequenzmäßig], und indem du später 1♯, 1♭, 2♯, 2♭; 3♯, 3♭ usw. vorgezeichnet denkst. So bekommt man allmählich alle gebräuchlichen Akkorde „in den Griff". Dabei soll man zunächst jede Bezifferung in ihrer vollständigen Form und die gemeinten Töne in **engster Aufreihung** über dem Baßton (!) laut sagen. In welcher Reihenfolge die Töne in der rechten Hand zu spielen sind, ergibt der Zusammenhang [Stimmführung!].

Beachte folgende Regeln für den 4-stimmigen Satz:
Der Grundton kann verdoppelt, sogar verdreifacht werden.
Die große Terz wird selten verdoppelt; am ehesten in Gegenbewegungsführung der Stimmen. Verdopplung der kleinen Terz findet man z.B. bei Moll-Sextakkorden häufiger; bei vermindertem Dreiklang 1. Umkehrung [z.B. *d-f-h-d*] regelmäßig. Fast immer enthält der Trugschluß die doppelte Terz. Grundton und Terz dürfen im Dreiklang **nie** fehlen; Quinte kann im Dreiklang fehlen, öfter im 7-Akkord [bei Septakkordfolgen!], und muß im 9-Akkord fehlen. Die 7 soll nicht, die 9 darf nicht verdoppelt werden. Übermäßige oder verminderte Intervalle sollen nie verdoppelt werden. [Vgl. „Alterierte Akkorde".]

Töne, die statt der eigentlichen Akkord-Stammtöne [vorläufig!] auftreten, heißen **Vorhalte**. Jeder Akkordton kann von einem Nachbarton darüber oder darunter „vorgehalten" werden.

Im Gegensatz zu Dissonanzakkorden, die sich in andere Akkorde auflösen, gehen die „vorhaltenden" Töne in die eigentlich gemeinten **desselben** Akkords! Darum schreibt Mozart meist den „eigentlichen" Stammakkord, und die verzögernde „Aufhaltung" als „langen Vorschlag".

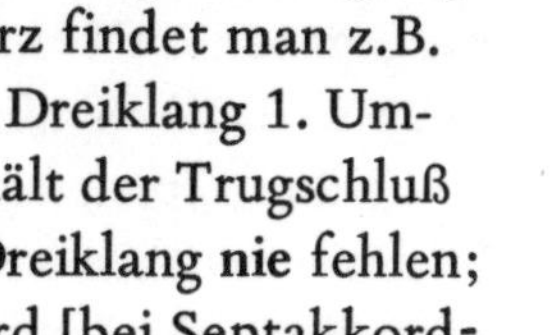

Gebräuchlichste Vorhalte sind:

4-3; 6-5; 9-8; 2-3; 4-5; 7-6 [immer ohne 5!]

Unterscheide vom Nonenakkord 9 den Nonenvorhalt 9-8 [durch ihre Auflösung!]

Übungsaufgaben für das Generalbaßspiel

Mit gegebener Oberstimme [vgl. Bachs Chorallieder in Schemelli's Gesangbuch]. Die beiden Mittelstimmen sind zu ergänzen. Erst Akkord sagen, dann spielen, später schreiben. Zuletzt den bezifferten Baß ohne Oberstimme abschreiben und spielen!

Dreiklänge und Septakkord

Beachte: Folgen Sextakkorde stufenweise nacheinander, so muß man zur Vermeidung von verbotenen Parallelen abwechselnd die Oktave, Terz und Quinte verdoppeln. Folgen Septakkorde auf quartweise springendem Baß [*d-g-c-f*], so wird bei richtiger Stimmführung jeder zweite Akkord ohne Quinte sein. [Siehe folgendes Beispiel]

Dreiklänge, Sept- und Nonenakkorde

Beachte: Folgen zwei Dreiklänge über terzweise springendem Baß und Sopran, so muß man zur Vermeidung paralleler Quinten oder Oktaven entweder beim ersten Akkord die Terz verdoppeln, dann wird der zweite ein voller Dreiklang, oder man spielt zuerst den gewöhnlichen Dreiklang und erhält dann einen Akkord mit doppeltem Grundton, doppelter Terz ohne Quinte.

*)

Merke auch hier: Nicht nur Einzelakkorde „entziffern“, sondern auf den Zusammenhang achten! Spiele im Hinblick auf das Folgende!

Vorhalte und Durchgangstöne

Vorhaltsakkorde haben statt ihrer Stammtöne [Grundton, Terz, Quinte usw.] vorläufige, vorenthaltene Nachbartöne, die normalerweise zu einer Auflösung in die „eigentlichen“ Töne streben. [z.B. *c-f-g* in *c-e-g*]. Vorhalte sollen [wie alle Dissonanzen!] „vorbereitet“

sein, jedenfalls im „strengen Satz“. Da die Generalbaßschrift stets nur die jeweiligen Intervalle vom Baßton zahlenmäßig ausrechnet, so ergibt sich, daß die erste Akkordziffer den „vorläufigen“ und die letzte Ziffer den „eigentlichen“ Akkord ausdrückt. Häufige Vorhalte sind u.a.:

4 3	[selten #2 3]	=	Vorhalt vor der	Terz	im	Dreiklang
6 5	[" #4 5]	=	" " "	Quinte	"	"
9 8	[" 7 8]	=	" " "	Oktave	"	"
7 6	[immer ohne 5!]	=	" " "	Sexte	"	Sextakkord
6 - 5 4	[selten 6 - 3 4]	=	" " "	Quarte	"	Quartsextakkord
7 6 4 -	[" 5 6 4 -]	=	" " "	Sexte	"	"
7 - 4 3	[" 7 - 2 3	=	" " "	Terz	"	Septakkord
7 - 6 5	[nicht 7 - 4 5]	=	" " "	Quinte	"	"
6 - 5 - 4 3	[selten 6 - 5 - 2 3]	=	" " "	Terz	"	Quintsextakkord
7 6 5 - [3 -]		=	" " "	Sexte	"	"
6 - 4 - 4 3	[selten 6 - 4 - 2 3]	=	" " "	Terz	"	Terzquartakkord
7 6 4 - 3 -		=	" " "	Sexte	"	"
5 4 6 - 2 -		=	" " "	Quarte	"	Sekundakkord
7 6 4 - 2 -	[selten #5 6 4 - 2 -]	=	" " "	Sexte	"	"

In einem Akkord können auch zwei oder drei Töne zugleich vorgehalten werden. Durchgangstöne verbinden Terz- oder Quartsprünge einer Stimme und werden ebenfalls intervallisch vom Baßton aus gerechnet und so beziffert.

z. B.

Besonders häufig findet man 8-7, die von der Oktave aus nachschlagende Septime. Bei 7-6 muß die 5 fehlen, weil sonst statt des Sextakkordes ein Quintsextakkord entsteht.

Beispiele:

Es empfiehlt sich, alle ausgeführten Beispiele auch einmal zu analysieren, indem man aus der Akkordzusammensetzung nun umgekehrt die Bezifferung zu finden sucht.

Aufgaben mit Vorhalten und Durchgängen

Einige Schwierigkeit bei der Ausführung von bezifferten Bässen macht der Umstand, daß die Bezifferung nicht immer gleichmäßig durchgeführt wird. Z.B. findet man $^{6}_{4}$ wie $^{4}_{6}$, oder bei Vorhaltsakkorden entweder die Schreibweise, die ein genaues Abbild für den Griff ist,

also für 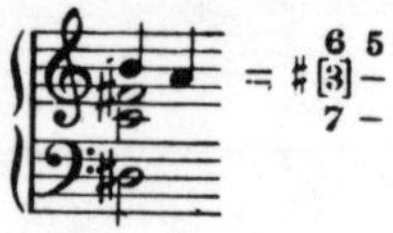 oder die allgemeine Bezeichnung $\begin{smallmatrix}7\,-\\6\;5\\\sharp\,-\end{smallmatrix}$
Es ist gut sich daran zu gewöhnen, alle Akkorde so zu finden, daß man erst den Baßton gespielt denkt, dann die übrigen drei Töne in engster Aufreihung über den Baßton sagt, und danach feststellt, welche Stimme nun die einzelnen Töne übernehmen muß.

NB. Durch Umlagerung eines Akkordes kann eine günstigere Vorbereitung für den folgenden Akkord erreicht werden, meist auch eine abwechslungsreiche Oberstimme, [melodisch].

Ergänzungen und besondere Regeln für den bezifferten Baß

In der Zeit der Generalbaß-Praxis (1600–ca. 1760) hat der bezifferte Baß, der vom Blatt improvisierend und verziert gespielt werden mußte, eine Entwicklung durchgemacht, die der allmählichen Bereicherung der barocken Harmonik von der Schlichtheit Schütz'scher Sätze bis zur letzten Komplizierung des Joh. Seb. Bach'schen Gewebes in seiner „harmonisch-gebundenen" Polyphonie entspricht. Diese Harmonik baut sich bei allem Akkordreichtum doch auf sehr einfachen Drei- und Vierklängen tonal kadenzierend auf, zu denen dissonierende Vorhalts- und Durchgangstöne selbständiger Stimmen nur als vorübergehende Spannungs- und Aufhaltungsfaktoren hinzukamen. Erst später, in den Theoriebüchern des 19. Jahrhundert finden wir zum Zwecke methodischer Übung eine Erweiterung des Akkordmaterials entsprechend der Entwicklung der romantischen Harmonik [durch Nonenakkorde und freiere Verbindungen alterierter Akkorde]. Der „bezifferte Baß" erhielt nun zu seiner ursprünglichen Bestimmung als reine Begleitung eine neue Aufgabe: er stellte kleine „Musikstücke" neuromantischer Prägung dar, bei denen der Spieler nicht nur die Akkorde suchen sondern auch die „melodische" Oberstimme finden sollte [vgl. Paul Juon].

Demgegenüber gehen die neuesten Generalbaßlehren [u. a. Keller] wieder auf die alten Schulen der Barockzeit zurück. Durch Telemanns „Singe-, Spiel- und Generalbaßübung" und Bachs Beispiel eines „ausgearbeiteten" Generalbasses erfahren wir, daß man früher das „Accompagnement" nicht immer 4-stimmig hielt [wie heute üblich]; Vollgriffigkeit und Dreistimmigkeit brachten Abwechslung und zeigten Geschick und Geschmack des Spielers. Wirklich historisch einwandfrei und zugleich praktisch ist aber das Generalbaßspiel erst dann, wenn es völlig von der [spätromantischen] Verquickung mit der Funktionslehre gesäubert ist. Für den Generalbaßspieler ist eben der $^{4}_{3}$-Akkord keine „2. Umkehrung", sondern ein Akkord, der aus Terz, Quart und Sexte besteht.

Es wäre wünschenswert, wenn der nicht nur für polyphone Stücke viel geschmeidigere 3-stimmige Satz heute allgemein mehr gepflegt würde, da er auch gerade für das Erlernen einer flüssigen **Volksliedbegleitung** und einer darauf aufbauenden **Improvisation** besonders geeignet ist.

Besonderheiten: Die Barockzeit verwendet 9 in der Regel nur als Vorhalt vor 8 [also ohne 7, mit der 5]. Vorhalte können sich auch in einen Akkord mit neuem Baßton auflösen. Liegt der Vorhalt im Baß, so schreibt Bach auf dem ersten Ton den [„zufälligen"] Zusammenklang [meist $\begin{smallmatrix}7\\5\\2\end{smallmatrix}$ oder $\begin{smallmatrix}7\\4\\2\end{smallmatrix}$], während man heute lieber durch den  Schrägstrich unter der ersten Note ihren Vorhalts-Charakter und durch die Ziffer unter der zweiten deren „Eigentlichkeit" ausdrückt.

Alterierte Töne, die immer Leittoncharakter haben, nicht verdoppeln! Es gäbe parallele Oktaven.

Dissonanzen [Septimen, Tritonus] können sich frei bewegen, wenn eine andere Stimme die Auflösung übernimmt, wenn Umlagerung desselben Akkordes stattfindet, oder wenn anstelle von „Stimmführung" [des 4-stimmigen Satzes] nur noch eine „Rückung der Akkordmasse" empfunden wird.

Aufgaben aus der Generalbaßzeit (1600 – ca. 1760)

Bei den alten Begleitungen zu Sonaten, Arien, Liedern usw. hatte der Generalbaßspieler Melodie und bezifferten Baß vor sich. Wurde die-Melodie gesungen, so brauchte das ausgeführte „Accompagnement" nicht die gleiche Oberstimme zu enthalten; sie bot einen Anhalt. So kann sie auch dem Lernenden zunächst als Stütze dienen, indem er nur die beiden Mittelstimmen zu suchen hat. Über die vielen Freiheiten, Ausnahmen und „Ungenauigkeiten“ beim Generalbaß vgl. u.a. Telemanns „Singe-, Spiel- und Generalbaß-Übung“ (1735).

Ad. Krieger

NB. Spielt man die Melodie mit, so läßt sich verschiedentlich eine Parallelität nur durch Übergehen in den 3-stimmigen Satz vermeiden.

J. Ph. Kirnberger

Choralliedsätze aus „Schemelli's Gesangbuch“

J. S. Bach

J. S. Bach

J. S. Bach

J. S. Bach

* Statt des ♯ vor der Zahl erhielt im 18. Jahrh. die Zahl einen Strich. Also 2̸ = ♯2 [oder 2♯] 4+ = ♯4; 6̸ = ♯6

Einfache bezifferte Bässe (ohne Oberstimme)

[Sept. hier aufwärts!]

Septimen- und Nonenakkorde

Vorhalte und Durchgangstöne

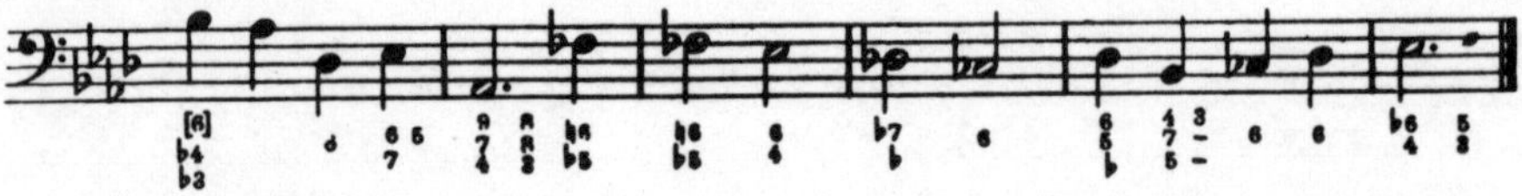

*)

[Oberstimme zum vorigen bezifferten Baß]

* Als Beispiel freierer Linienführung nur schriftlich auszuführen!

Mittelschwere Generalbaßaufgaben

Aufgaben aus barocken Continuo-Stimmen

Der Continuo unterscheidet sich von den üblichen Generalbaß-Aufgaben der Theoriebücher dadurch, daß dort die harmonischen Füllstimmen zu einem **polyphonen** Gewebe von mindestens zwei Simmen [Discant und Baß] meist aber 3 oder mehr [konzertierenden] Stimmen zu spielen waren, wobei freie Durchgänge, Verzierungen, rhythmisch-motivisches Improvisieren das eigentliche Können zeigte, während später das genaue Ausrechnen und „Verbinden" der Akkorde nur den sauberen „Satz" üben sollte. Darum muß immer wieder betont werden, daß ein „echter" Generalbaß selten „genau" beziffert ist, daß viele Durchgangsnoten und abspringende Akkordtöne nicht berücksichtigt wurden, da man von einem Generalbaßspieler annehmen durfte, daß er den ganzen Organismus des Stimmablaufs und seiner akkordlichen Beziehungen verstand und verfolgte, ja sogar oft leitete.

Ebenso wichtig ist die Feststellung, daß die Generalbaßtechnik von ihren ersten Anweisungen bei Prätorius [Syntagma musicum III] (1619) bis zu Bach und Kirnberger stets nur zahlenmäßig-intervallisch vom Baßton aus rechnete, – nicht „funktionell" nach „Umkehrungen" usw.

H. Schütz

J. Rosenmüller

J. Rosenmüller

„Matthäus-Passion" J. S. Bach

J. S. Bach

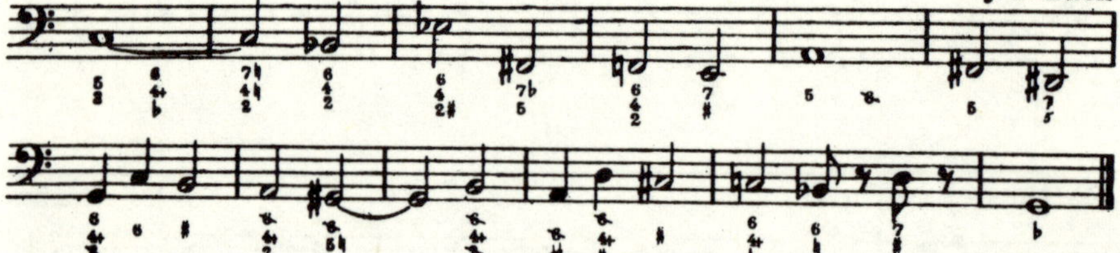

G. Fr. Händel

Beispiel eines Generalbasses mit typischen Fehlern

Zu 3 Nicht Leiteton *(h)* verdoppeln. Einer von beiden wird dann schlecht geführt.

3–4 *h–es* im Tenor schlecht.

5–6 Sopran besser nach *es*, weil *as–d* als übermäßige Quarte *g–es* als Auflösung verlangt.

6–7 Trotz „Gegenbewegung" sollten das *es* und *g* lieber in der gleichen Stimme bleiben, also der Sopran von *c* nach *d* gehen.

8–9–10 Die Septime falsch, weil aufwärts geführt.

10–11–12 Die neue Septime nicht vorbereitet, weil sie im Sprunge erreicht wird.

13–14 Die Quintenparallelen [Alt u. Ten.] werden vermieden, wenn der Tenor bei 13 die Terz *c* oder Quinte *es* verdoppelt.

17 Nicht falsch, aber besser *b* im Sopran.

20–21 7–6 im Baß ist ein Vorhalt vor dem 6 Akkord. Daher darf die 7 keine Quinte *(es)* haben. So entsteht statt eines 6 ein $^{6}_{5}$-Akkord.

22–23 8- und 5-Parallelen. Diese können nur vermieden werden, wenn bei 22 doppelte Terz *(c)* und keine Oktave *(as)* erscheint.

23–24 So große Sprünge von Akkorden in enger Lage sind ungünstig.

24–25 Trotz Gegenbewegung ist noch der übermäßige Sekundschritt *h-as* im Alt schlecht. Das *h* muß ebenfalls ins *c* geführt werden.

27–28 ergibt Oktavparallelen [Sopran-Baß].

29–30 Parallele Primen [Sopran-Alt].

30–31 Sprung [gr. Sexte] im Tenor schlecht.

31–32 Der alterierte Ton *cis* muß unbedingt nach *d* geführt werden.

32–33–34 Quartsextakkorde wirken vorhaltsmäßig; die $^{6}_{4}$ sind deshalb abwärts in die $^{5}_{3}$ zu führen. Dies ist hier allerdings erst bei 34 möglich. Der Akkord 33 enthält nur abspringende freie Wechselnoten. 34 müßte die Auflösung des *b* ins *a* bringen.

35–36 Ganz korrekt sollte der Leiteton aufwärts ins *b* geführt werden.

Die Tonalität von Dur und Moll

Unter „Tonalität" versteht man allgemein die **Beziehungs-Eigenschaft** einer bestimmten Auswahl von Tönen, [aufgereiht als „Tonleiter"] zu einem **Zentral**- oder **Grundton**, der als Basis [und Kraftzentrum] jedem einzelnen Ton seine **Funktion** und **Strebekraft** gibt. In der 7-stufigen Tonleiter werden die Töne meist einfach nach ihrem Intervallabstand vom Grundton numeriert. Also ist z.B. in C das „*c*"=1. [oder 8. Stufe], „*g*" = 5. Stufe, „*f*" = 4. Stufe, „*d*" = 2. Stufe, „*h*" = 7. Sufe oder „Leiteton", da er zum Grundton [8] hinleitet.

Beim Aufbau der Tonleitern ist die Stellung der beiden Halbtöne von entscheidender Bedeutung für das **Tongeschlecht**.

In **Dur** steht der Halbton zwischen 3 4 und 7 8

z.B.: *c–d–e–f–g–a–h–c*

in **Moll** zwischen 2 3, 6 5, 7 8

z.B.: *c–d–es–f–g–as–g–h–c*

Aus methodischen und klang-psychologischen Gründen sollte man [auch gehörsmäßig] C-dur und c-moll nebeneinander vergleichend verstehen und lernen! [statt C-dur und a-moll!]. Beide Tongeschlechter bauen sich auf demselben Grundton [1 oder 8] als dem Haupt der Tonfamilie auf; außerdem sind die 5. 7. 2. 4. Stufe gemeinsam. Nur in der 3. und 6. Stufe liegt das Unterscheidende. Daher heißt „Dur" bei Bach noch: Tonart mit der großen „3“, [„per tertiam majorem“] und Moll mit der kleinen „3“, [„per tertiam minorem“].

Die Unterscheidung einer „melodischen“ und „harmonischen“ Molltonleiter beruht darauf, daß der Weg von der 5. zur 8. Stufe [in c-moll: *g–as–h–c*] in *as–h* einen unsanglichen übermäßigen Sekundschritt enthält. Will man „sanglich“ von *g* zu *c*, so paßt man die 6. Stufe dem Leiteton an und enthält: *g–a–h–c.* Will man von *c* zu *g* hinab, so gleicht man die 7. Stufe an die gut abwärtsführende [tiefere] 6. Stufe [*as–g* Halbton] an und erhält *c–b–as–g*. Dieser Form [„melodisch-abwärts-gehend“] verdankt die Molltonart ihre anfechtbare Vorzeichnung; z.B. c-moll=3♭, e-moll=1♯, in der immerfort die Auflösung für den Leiteton nötig ist. Logischerweise müßte a-moll 1 auf *gis* haben, c-moll die 2 Erniedrigungen auf *es* und *as* [ohne „be“].

In der Harmonie ist, wie wir sehen werden, *c–es–g* der Kern und *as* und *h* die Umgrenzung von oben und unten, [besonders in Moll!] Beachte: In den meisten echten Melodien führt die 6. nicht zur 7. sondern zur 5. Stufe!

Will man dem Einzelton der Leiter eine „Tiefenwirkung“ geben, indem man ihn zum Klang macht, [der ja schon in seiner Teiltonreihe immanent klingt], so kann man auf ihm einen Dreikalng aus den Tonleitertönen errichten. Z.B. in C auf c: das *c–e–g*; auf d: das *d–f–a*; auf g: das *g–h–d.* Diese ausgefüllte [prägnante] Tonstufe bezeichnet man kurz mit den römischen Ziffern: I,II, V usw.

In C-dur ist demnach:

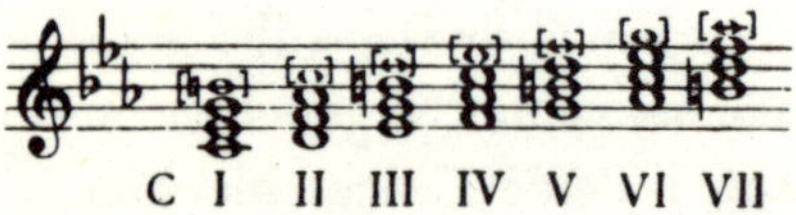

Entsprechend in c-moll:

Übe – stets mit gelichem Fingersatzgriff! – alle Stufen-Akkorde in allen Dur- und Molltonarten. Dabei immer erst die Akkordtöne sagen, dann spielen.

Die Stufenlehre

Während der Generalbaßspieler die Akkordstenographie durch Ausrechnen der Intervalle vom Baßton aus in Klang umsetzt, ohne sich um die Tonalität und Funktion des Akkordes kümmern zu müssen, erfordern die Aufgaben mit Stufennotierung ein „funktionelles" Denken; d.h. wenn man z.B. A VI_7 ausführen soll, muß man folgenden Denkweg zurücklegen: A-dur = *a–h–cis–d–e–fis–gis–a*; VI = *fis–a –cis–e*; 7 = Grundform, also *fis* liegt davon im Baß. Oder A II^4_3 = A-dur [Tonleiter]; II = *h–d–fis–a*; $^4_3$ = 2. Umkehrung mit der Quinte im Baß; also: *fis* im Baß, *a–h–d* in den übrigen Stimmen, wie–, entscheidet der Zusammenhang. Man bezeichnet dann die „Lage" eines Akkords am besten, je nachdem, ob Grundton [8], Terz [3], Quinte [5] usw. in der Oberstimme liegen. Z.B. f I_6 Oktavlage: *f–as–c*, davon *as* [Terz] im Baß, *f* in der Oberstimme.

Um auch in seltener vorkommenden Tonarten alle Akkorde leicht zu spielen, muß man die Akkorde [mit leichten Tonarten beginnend: C, c; G, g; D, d; A, a; E, e; F, f . . .] in ihren verschiedenen Lagen nacheinander sielen. Übe so alle Drei- und Vierklänge in Dur und Moll.

Unterscheide: ^{x}C-dur $^{6}_{4}$ auf der 1. Stufe = *c-f-a*

von ^{xx}C-dur $^{6}_{4}$ von der I [Stufe] = *g-c-e*

[hier „*f*" Grundton, also „von" der IV abgeleitet.]

[hier „*c*" Grundton, also „auf" der 5. Stufe stehend.]

Nur wenn Baßton und Grundton zusammenfallen, wie bei Dreiklang-Grundform, Sept- und Nonenakkord, ist „von" der I [Stufe] = „auf" der 1. Stufe usw. Denn bei allen „Umkehrungen" liegt ja der Grundton gerade nicht im Baß.

Folgende Übungsaufgaben entsprechen [zur Kontrolle] den ersten Generalbaßaufgaben, ohne ♯ und ♭.

C I IV II V | I_6 IV I VII_6 | VI IV III_6 IV_6 | II_7 I_6 V V_6 | I IV II I |
IV VII_6 VI II_6 | VI^6_4 II I^6_4 V^8_7 | I IV I | C I V III VI | II_6 II I^6_4 V |
I VII_6 I_6 III_7 | IV VII_6 VI V | IV II_6 III | II V_6 IV^6_4 I | II_6 II I_6 V |
VI V_{87} I | F VI | VII_2 II^4_3 III_6 V_7 | II_2 V_6 I_2 IV_6 | III_7 IV I_7 II |
III_9 IV_7 III^6_5 VI | V_6 IV_6 III_6 II_6 | III_7 V^4_3 I III_7 | VI_7 II_7 V_7 I |
II V_{87} I

Es lohnt sich, diese Aufgaben in möglichst viele Tonarten zu transponieren!

Von allen Stufenakkorden ist I als Gerüst der Tonalität [Tonika] der wichtigste. Nach ihm hat V eine beherrschende Stellung [Dominante], da sie mit dem Leiteton gleichsam den Schlüssel zu I besitzt. Nächst ihnen kommt IV [Unterdominante],

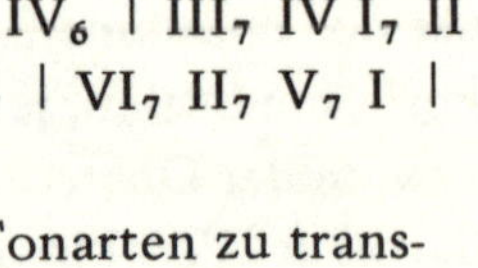

deren Reiz in der 6. Stufe und deren Nähe zur Tonika durch Besitz des Grundtons wirksam ist. Diese Stufenakkorde [I, V, IV] enthalten in sich alle Töne der Tonleiter, [die 1. und 5. Stufe sogar doppelt]. Sie bilden die **tonalen Grundfunktionen** in Dur wie in Moll, denen die Dreiklänge der VI, III [VII] und II als „Parallelen" oder Nebenformen zur Seite stehen.

Da es außer dem Dur/Moll noch viele Arten von „Tonalität" gibt (Pentatonik, Kirchentonarten), sollte man das Dur-Moll-System präziser mit „Tonikalität" bezeichnen. (Vgl. S. 97f)

Die tonalen Funktionen

In jeder **Dur**-Tonart gibt es:

3 Dur-Dreiklänge	3 moll-Dreiklänge	1 vermind. Dreiklang
V = Dominante	III = Domin.-Parallele	VII = Dominant-Nebenform
I = Tonika	VI = Tonika-Parallele	
IV = Subdominante	II = Subdom.-Parallele	
	z. B. in C-dur	
V = G – h – d	III = e – g – h	VII = h – d – f
I = C – e – g	VI = a – c – e	
IV = F – a – c	II = d – f – a	

Zur Bestätigung einer Tonart gilt

die Akkord verbindung V-I als authentischer Schluß
IV-I als plagaler [Seiten] Schluß

authentisch plagal

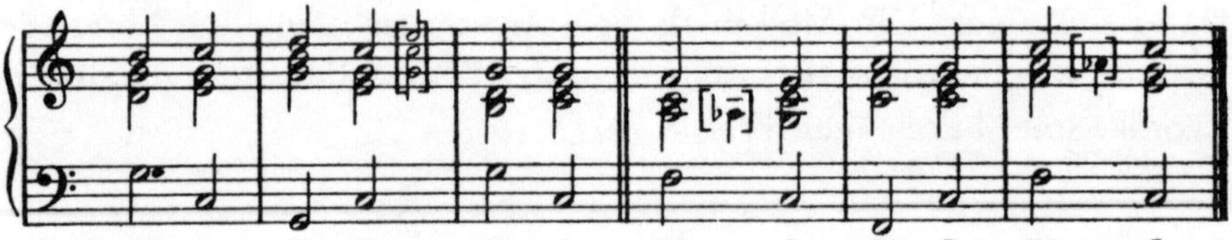

In C: V I V I V I IV I IV I IV I

In der Dominante (V) hat die Terz als **Leiteton** [in C-dur das *h* von *g-h-d*] die entscheidende **Spannung**, für die dann die Tonika (I) die **Lösung** bedeutet. Der Leiteton strebt **aufwärts.**

Authentische Schlüsse bevorzugt: in der Klassik und frühen Romantik.

In der Subdominante (IV) hat die Terz eine Art **Übergewicht** [in C-dur das *a* von *f-a-c*], für das die Tonika (I) die **Entspannung** ist. Die 6. Stufe einer Tonart zieht **abwärts.**

Plagale Schlüsse bevorzugt: im Barock und in der Spätromantik. (Brahms, Wagner, Liszt)

Die Grund-Funktionsreihe

Nimmt man als eine der tonikalen Urbeziehungen das Spannungs-Lösungs-Verhältnis von V-I an, so läßt sich daraus zur sinngemäßen Anordnung aller Akkorde eine fortlaufende **„Funktionsreihe"** entwickeln. [Gesetz der Analogie, das z. B. in der Sequenz herrscht.]

So, wie V die Spannung für I ist,
ist II " " " V
und VI " " " II
und III " " " VI

Eine Spannung wird durch Verwendung des Vierklangs [z. B. V_7] verschärft, die Auflösung zwingender.

Das Zwingende, Schlüssige des „Quintfalles" [*g-c*] im Baß wird durch Umkehrung [Oktavverlagerung] in den entsprechenden Quartsprung [*g-c*] nicht gemindert.

Von der vollständigen unendlichen Reihe:

sind die Dreiklänge der III. und VII. Stufe selten; die IV wird in der Klassik meist zu I zurückgeführt, so daß VI-II-V-I die gebräuchlichste Folge ist.

Zwischen die II, die zur Bekräftigung ihrer Subdomin.-Funktion in der Regel als 6- oder $\frac{6}{5}$-Akkord auftritt, [in C-dur *f* im Baß!] und ihre Auflösung in V schiebt man meist den Quartsext-Akkord [$\frac{6}{4}$] ein, der zwar die Töne der I enthält, aber klanglich und sinngemäß durch Übergewicht der Quinte [des „*g*" in C-dur] als Doppelvorhalt zur V wirkt, [statt dessen oft sogar nur der einfache Vorhalt V_{43} erscheint]·

$$\text{III - VI - II}_{(5)}^{\,6}\text{ - }[\tfrac{6}{4}]\text{ - V - I - IV - VII}$$
$$=\text{IV . . . . oder VI} \vdots\!\rightarrow\text{dann: „Trugschluß".}$$

Da alle diese tonalen Grundbeziehungen genau so wie in Dur auch für Moll gelten, sind im Folgenden die Beispiele meist in Dur gewählt, da durch Lied und klassisch-romantische Tonalität erfahrungsgemäß das Ohr alles leichter in Dur auffaßt und dann ohne Schwierigkeiten auf Moll überträgt.

Die Grundkadenz

Die Kadenz ist die am Ende von Phrasen, Perioden oder Sätzen gebräuchliche „Bestätigung“ der Tonart durch die Aufeinanderfolge der drei Grundfunktionen: Subdominante–Dominante–Tonika. Die reine [im 17. Hahrh. z. B. von Haßler gebrauchte] Kadenz I-IV-V-I hat durch die Häufung des Quintenklanges etwas Starres. Ihr Konsonanzreichtum war besonders für das frühbarocke Ideal im Vokalstil geeignet. Deshalb trat mit der Entwicklung des barocken Instrumentalstils allmählich die weichere, geschmeidige Kadenz I-II$_6$-$^6_4$-V$_7$-I in den Vordergrund, die in der Klassik fast ausschließlich herrscht. [Ph. E. Bach, Haydn, Mozart, Beethoven, Schubert.]

Die schematische Grundkadenz und ihre sichere Beherrschung in allen Dur- und Moll-Tonarten ist eine unerläßliche Voraussetzung für das Spielen von **Modulationen**, sowie eine notwendige Grundlage für ein freies und reiches **Improvisieren.** Aus ihrem festen Kern wird sich durch Lösen der Oberstimme in Verzierungen, Umspielungen, rhythmischen Motiven und Umlagerungen, durch Vorhalte und Durchgangstöne in allen Stimmen eine musikalische Improvisation entwickeln, bei der Ohr, Hand und Kopf zusammenwirken.

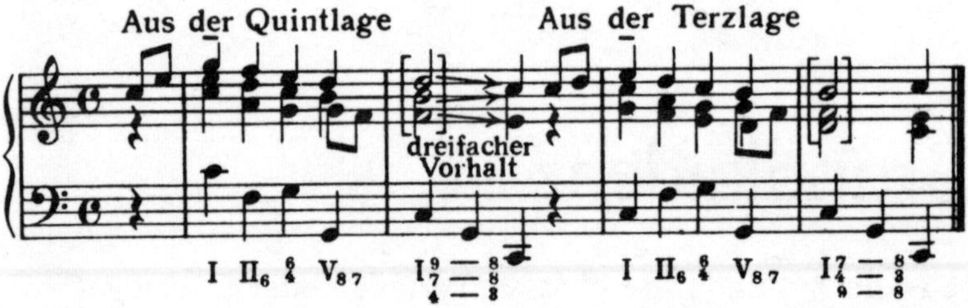

Der Ablauf von der Quint- oder Terzlage wird durch den ♫ Auftakt vorbereitet und führt dann stufenweise zum Grundton. Der dreifache Vorhalt $\begin{smallmatrix}7\\4\\9\end{smallmatrix}$, den Haydn, Mozart u. a. so oft benutzen, verstärkt durch die Verzögerung der erwarteten Schlußkonsonanz die Auflösungswirkung der Tonika.

Diese schematische Grundkadenz übt man am zweckmäßigsten immer in den gleichnamigen Dur- und Molltonarten [C-dur und c-moll] und zwar zuerst **spielen** [Takt, Melodie, Spannungen hören und beachten!] erst später **schreiben**, wenn eine klangliche Vorstellung des Ablaufes besteht.

Die erweiterte Kadenz

Folgt auf die Dominantspannung der V anstelle der reinen Tonika (I) die VI als Tonika-Vertretung, so ist das ein **Trugschluß**, auf den eine neue Kadenz folgen kann, die zu I führt.

Also: I-II$_6$-$\frac{6}{4}$-V$_7$ VI-II$_6$-V$_7$-I

Die Melodie enthält hier zweimal einen ausgeschriebenen „Praller" [♪ ♩] und bei der letzten V$_7$ einen ausgeführten „Mordent" [♩ ♩]. Der Alt hat im letzten Takt auf dem Vorhalt 4 vor 3 einen „Praller", und der Baß benutzt im 1. Takt das *gis* als Durchgangston, um durch die Verschärfung des *g* zu *gis* die zwingende **Leittonspannung** für das erstrebte *a* zu erzielen.

*) Durch solch einen chromatischen Durchgangston, wie ihn die Klassik hundertfach verwendet, wird eine Kadenz noch keineswegs „chromatisch". Seine Verwendung ist eine Frage des Geschmacks und nicht des Prinzips – wie Puritaner behaupten.

Zur Erweiterung der Akkordverbindungen benutzt man u. a. auch den **Sextakkord-Durchgang** zur Grundform. Von der Oktavlage aus führen die Außenstimmen von *c* nach *e* bzw. von *e* nach *c*. Den Durchgangston *d* in beiden Stimmen füllt man mit *f* und h *aus*, zu VII_6.

Beim Durchgang aus der Quintlage gehen die Außenstimmen parallel: *g-f-e* / *e-d-c*, der Tenor bleibt auf *g*, und der Alt berührt kurz den Leiteton.

Beide Sextakkord-Durchgänge enden auf der Terzlage.

Hier sind I $\quad$ II_6 und $^6_4$ umgelagert
[1. und 2. Grundkadenz zusammen!]

Zwischen II_6 und $^6_4$ steht oft der verminderte Akkord der II oder IV: In C-dur *fis-a-c-dis* oder *fis-a-c-es*.

Durch Umlagerung der Akkorde erhält jede Funktion mehr Breite. – Der „Verminderte“ auf der erhöhten 4. Stufe verzögert und vergrößert so die Wirkung der V.

Die Modulation

Will man aus einer Tonart in eine andere hinüberwechseln, so soll das nicht ruckartig geschehen sondern möglichst durch Vermittlung von Akkorden, die beiden Tonarten angehören. Solch Akkord bildet gleichsam die Nahtstelle; er wird aus der Funktion der einen in die neue Funktion der anderen Tonart „umgedacht". [z. B. CVI = aI; EsIII = gI; DII = eI] Handelt es sich dabei um Tonarten, die nahe verwandt sind, wie z. B. C-a, C-e, C-G, C-F, C-d, so sind diese „Ausweichungen" leicht dadurch zu erreichen, daß man die gewünschte Stufe spielt, sie als Tonika umdenkt und durch ihre Kadenz „bestätigt".*

So entsteht, indem man den Trugschluß VI als Tonika umdeutet und befestigt, die erste „ kleine" Modulation von I-VI z. B.:

C-a

* Neben vielen anderen Möglichkeiten, so nahe hinüberzuwechseln, ist das Umdeuten von $CVII_6 = aII_6$ besonders geeignet. Also: nach C-g-c-e über D-f-h-d zu E-e-a-c- usw.

Moduliere in allen Dur-Tonarten zur VI [Parallele]. Benutze zuerst stets die einfache schematische Kadenz.*

Für die Modulation I-III benötigen wir erst VI [Trugschluß], dann folgt die selten gebrauchte III. Die Baßfigur verbindet VI mit III.

C-e

Als dritte der in einer Dur-Tonart vorkommenden Moll-Stufen müssen wir die II [Subdominant-Parallele] zu erreichen suchen. Der am Anfang der Grundkadenz stehende II$_6$ führt klanglich zum $^6_4$, auch soll das Modulieren erst nach Bestätigung der Ausgangstonart erfolgen [im Verlauf . . .] Unsere Grund-Funktionsreihe [III-VI-II-V-I] zeigt, daß II am besten auf VI folgt.

* Neben vielen anderen Möglichkeiten, so nahe hinüberzuwechseln, ist das Umdeuten von CVII$_6$ = aII$_6$ besonders geeignet. Also: nach C-g-c-e über D-f-h-d zu E-e-a-c usw.

Die Modulation I-II besteht demnach wieder aus der Grundkadenz, die zum Trugschluß führt [I-II_6-$\frac{6}{4}$-V-VI]; dann folgt die II, und am zwingendsten, indem man das „*c*“ zum **Leiteton** „*cis*“ verschärft, der nach d-moll führt. [Vgl. das *g-gis* bei V-VI in C-dur.] Dadurch wird der Übergang „**weicher**“, zumal wenn gleichzeitig im Baß die Septime *g* zu *a-c*[*is*]*-e* erklingt; da die 7 abwärts geführt werden muß, also *g* zu *f* geht, erscheint der erstrebte Akkord *d-f-a* mit *f* im Baß als 6-Akkord, der mit dem bekannten „Durchgang“ zur Grundform in der Terzlage kommt. So hat sich dem Ohr die II als neues „Kraftzentrum“ [Tonika] bereits eingeprägt, so daß die folgende einfache Grundkadenz von d-moll: II_6-[$\frac{6}{4}$]-V_7-I nur noch als Bekräftigung empfunden wird, – die allerdings auch nicht fehlen darf!

C-d [über VI]

Ein anderer häufig benutzter Weg I-II geht nicht über VI sondern direkt von I zu II, indem nach dem Abspielen der Grundkadenz mit Schluß auf I von diesem Tonika-Akkord [z. B. *c-e-g-c*] der Baßton *c* zu *cis* verschärft wird [wie oben], um sich zwangsläufig nach *d* aufzulösen, während indessen das obere *c* statt über *h* nun über das erniedrigte *b* zu *a* geht. So entsteht [bei !] durch *cis-e-g-b* der VII_7-Akkord von d-moll, der sich gut nach d I auflöst. Um hier Quintenfolgen $\left[\begin{smallmatrix} b-a \\ e-d \end{smallmatrix}\right]$ zu vermeiden, empfiehlt es sich, den bei Mozart oft gebrauchten Vorhalt 6-5 [also hier *b* vor *a* im Sopran] bei d I anzuwenden.

C-d [über I]

NB. Hier wie bei allen Beispielen die Anfangs- und Schlußkadenz immer erst „schematisch" d. h. ohne Vorhalte usw. spielen, damit die volle Aufmerksamkeit auf den Modulationsakt [das Umdeuten der Funktion] konzentriert bleibt!

Die Modulationen I-VI, I-III, I-II stellen gewissermaßen Befestigungen der drei Mollstufen einer Durtonart dar, bleiben also „**intern**" und auf der Ebene der Grundtonart. Wollen wir aber zur IV oder V modulieren, so erreichen wir damit eine andere Ebene, eine benachbarte Durtonart. Diese scheinbar ungerechte Benachteiligung der Molltonarten durch Unterordnen und funktionelles Einordnen in Durtonarten hat einen methodischen Grund.* Um völlige Klarheit und leichte Übersicht über die verwandschaftlichen Beziehungen zu erreichen, ist es ratsam und sehr vereinfachend, statt des Nebeneinander von „Quinten- und Quartenzirkel" und zwar in Dur und Moll eine einheitliche, nachbarliche **Quintenreihe** der **Durtonarten** herzustellen, in denen die **Molldreiklänge** nur als **Funktionen** von Durtonarten betrachtet werden [als: VI, III, II und evtl. als IV = Mollsubdominante]

* Also kein Prinzip, sondern nur eine Hilfe für die Modulationslehre.

Gehen wir vom Schema der tonalen Funtionen aus, in denen die I als Tonika gleichsam der Namensgeber, Vater und Ordner ist:

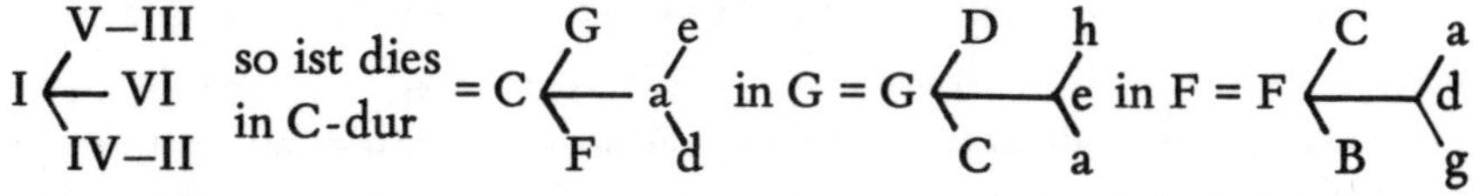

Nehmen wir C als Mittelpunkt einer unendlichen Quintenreihe an, so ist G eine Quinte „höher“ = Oberdominante, also der Nachbar von oben; und F für C eine Quinte „tiefer“ = Unterdominante, also der Nachbar von unten. Von C „steigt“ die Reihe über G, D, A, E, H, Fis zu Cis „aufwärts“ und umgekehrt von C über F, B, Es, As, Des, Ges zu Ces „abwärts“. Die Reihe ist nach beiden Richtungen unendlich. Ihre Begrenzung erfolgt nur nach der Praxis, die über 7 ♯ bzw. 7 ♭ gewöhnlich nicht hinausgeht.

Der Vergleich mit einem Thermoneter liegt nahe und ist anschaulich, da ja auch bei den Tonarten die „Erhöhungen“ [Anzahl der ♯] und „Erniedrigungen“ [Anzahl der ♭] die jeweilige Entfernung vom „0-Punkt“, dem C-dur, angegeben. Z. B. Von C zu H [= 0 bis 5♯] = 5 Quinten aufwärts, von C zu Es [0 bis 3 ♭] = 3 Qu. abwärts; As-C [4♭ zu 0] = 4 Qu. aufwärts, D-Des [2♯ zu 5♭] = 7 Qu. abwärts, F-cis [cis = E VI, also = F-E = 1♭ zu 4♯] = 5 Qu. aufwärts, h-B [= D-B = 2♯ zu 2 ♭] = 4 Qu. abwärts. Diese Erkenntnis ist zur schnellen Erfassung der Entfernungen zwischen Tonarten, ihrer gemeinsamen Akkorde und der Bestimmung des „Weges“ für das Modulieren entscheidend.

Durch diese Vorstellung der „Quintenreihe“ hat jede Tonart ihre bestimmte „Region“, die immer aus 3 Nachbartonarten besteht, z. B.

C: = C I, G IV, F V; fis: = A VI, E II, D III [Cis IV]; As: = As I, Es IV, Des V.

Umgekehrt ergibt sich daraus, daß Tonarten, die weiter als diese 2-quintige Region voneinander entfernt sind, keinen Akkord gemeinsam haben können. [Vgl. die Akkorde von C-dur und E-dur.] Um dennoch einen gemeinsamen Akkord zu bekommen, verwendet man die [seltenere] Mollsubdom. [in C = f-moll, in E = a-moll] durch die C [außer mit G, D, F, B] nun auch mit A, E, H und Es, As und Des verbunden wird. Auf diese Weise werden die 3-, 4- und 5-quintigen Abstände überbrückt. Die Mollsubdom. f-moll in C-dur könnte man als von c-moll entlehnte Ersatz-IV ansehen, die den nicht leitereigenen aber gutklingenden Ton „*as*" als erniedrigte 6. Stufe enthält.–

Bilde diese wichtige „ IV" zu Es, B, F, C, G, D, A, E, H, Fis, Cis!

Die Bezeichnung „diatonisch-funktionelle" Modulation weist auf den Gegensatz zur „chromatisch-enharmonischen" hin. Die diatonische hat den Vorzug, innerhalb leicht-faßlicher improvisierbarer Melodik zu stehen. Sie wird sich gewöhnlich im Klanghabitus der Musik zwischen Beethoven und Brahms bewegen.

Die Quintenreihe

		I < V	I < IV	VI < III	VI < II	Moll-Subdom. IV
↑	7	Cis	Fis	ais	dis	fis
	6	Fis	Cis H	dis	ais gis	h
	5	H	Fis E	gis	dis cis	e
	4	E	H A	cis	gis fis	a
	3	A	E D	fis	cis h	d
	2	D	A G	h	fis e	g
	1	G	D C	e	h a	c
	0	C	G F	a	e d	f
	1	F	C B	d	a g	b
	2	B	F Es	g	d c	es
	3	Es	B As	c	g f	as
	4	As	Es Des	f	c b	—
	5	Des	As Ges	b	f es	—
	6	Ges	Des Ces	es	b as	—
↓	7	Ces	Ges	as	es	—

Die „diatonische Modulation“ geschieht durch Umdeuten eines Akkords als Stufe in einer anderen Tonart.
z. B. C VI [d. h. a-moll] = G II [a]
Es III [g-moll] = D IV [g]

↑ = aufwärts
↓ = abwärts
in der Quintenreihe

z. B. Fis-dur ist eine „hohe“, Des-dur eine „tiefe“ Tonart.

Die Entfernung zwischen 2 Tonarten läßt sich aus den Vorzeichen errechnen [wie beim Thermometer
♯ = Erhöhung = + Grade
♭ = Erniedrigung = – Grade]

z. B. von C bis E: 0 zu 4♯
= 4 Quinten aufwärts
von G nach Fis: 1♯ zu 6♯
= 5 Quinten aufwärts
von C nach Es: 0 zu 3♭
= 3 Quinten abwärts
von Es nach H: 3♭ zu 5♯
= 8 Quinten aufwärts
[von 3° Kälte zu 5° Wärme = + 8°]

Jeder Dreiklang kommt in einer Tonarten- „Region“ dreimal vor:
z. B. C in C als I
[Nachbartonarten] in G als IV
in F als V
a kommt in C als VI
in G als II
in F als III vor.

Nimmt man die „Moll-Subdominante“ hinzu [z. B. in C-dur das f-moll statt F-dur, also anormal aber gebräuchlich], dann kommt außerdem a noch in E als IV vor.

Nachbartonarten haben 4 Akkorde gemeinsam.
2-quintig entfernte Tonarten nur noch 2 Akkorde gemeinsam.
3-quintig, 4-quintig, 5-quintig entfernte Tonarten haben keinen Akkord gemeinsam,
– außer der Moll-Subdominante der höheren Tonart

1- und 2-quintige Modulationen aufwärts

Kleine Modulationen

Wie aus der Tabelle der Quintenreihe ersichtlich ist, haben Nachbartonarten [z. B.: C-dur – G-dur oder Es-dur – As-dur] 4 Akkorde gemeinsam, die sich umdeuten ließen; also von C nach G käme C, e, G oder a als gemeinsamer Akkord in Frage. G wäre genötigt, seine „strebende“ Dominantkraft [in C] ohne Auflösung zu lassen und unvorbereitet [!] Tonika zu sein; das soll man vermeiden. Darum ist a der geeignetste Akkord; er hält [als Trugschluß und Tonika-Vertretung] die Ausgangstonart in der Schwebe und ist ja gleichzeitig in der Zieltonart der gute Kadenzakkord II, den man noch geschmeidiger machen kann, in dem man den Baß zur Terz heraufführt, d. h. II_6 werden läßt, dem [wie immer] $^{6}_{4}$ [von G-dur], V_{87} und I folgen.

C-G

Das „Umdeuten“ [C VI gleich G II] ist also [wie ein Umsteigen, Ändern der Fahrtrichtung] der eigentliche „modulatorische“ Denkakt. Dafür gelten ein für allemal folgende 4 **Fragen:**

1. Wohin will ich gehen? [Nächste Zieltonart!]
2. Was ist dies[er Akkord] darin? [Welche Stufe?]
3. Was kommt danach, welche Stufe? [Funktionell!]
4. Wie heißt die [Stufe]? [Einzeltöne sagen!]

Beispiel:

Aufgabe: Von „fis“ nach „A“. Nach einer Kadenz in fis mit Schluß auf fis frage ich:

1. Wohin will ich? – Nach A
2. Was ist dies darin? – VI [in A]
3. Was kommt nach VI? – die II$_{[6]}$
4. Wie heißt die? – h-d-fis; davon d im Baß

Die 2-quintige Modulation, [die meist unüberzeugend klingt,] z. B. C-D, [Es-F,] hat „G“ und „e“ [„B“ und „g“] als Verbindungsakkorde. Auch hier ist „e“ besser als „G“ zu gebrauchen, da man vermeidet, aus einer V eine IV zu machen. Dagegen ist „e“ [= C III, nach dem Trugschluß!] in D = II. Nach II kommt V.

Um die klanglich widerstrebende Folge *c-h-a* im Sopran gegen *e-d-cis* im Baß [„querständig!“] zu mildern, tut man gut, D II und D V durch Wiederholungstöne, Verzierung und Umlagerung zu dehnen.

C-D

Die großen Modulationen

Während bei 1- und 2-quintigen Modulationen der verbindende Akkord in der Ausgangs- und Zieltonart jedesmal ein natürlicher Stufenakkord war, ist bei 3-, 4- und 5-quintig entfernten Tonarten normalerweise kein Akkord mehr gemeinsam. Will ich z. B. von C nach A, so habe ich in C folgende Akkorde zur Verfügung: C, G, F, a, e, d. Keiner von ihnen kommt als Akkord in A vor, – außer d, sofern man d als Moll-Subdominante [IV mit erniedrigter Terz „f“ statt „fis“] deutet, und damit einen guten kadenzfähigen Akkord der Zieltonart erhält, auf den V_7 und I folgt. Entsprechend gehen wir von C nach E über a[moll]; von C nach H über e.

C-E

Transponiere dieses Beispiel in G-H; D-Fis; F-A; B-D; Es-G; As-C; Des-F. Denken wir dieses zur Übung noch einmal durch: Des nach F geht über b-moll, die Moll-IV der höheren Tonart, die stets bei großen Modulationen der einzige gemeinsame Akkord ist; b ist in der Ausgangstonart Des die VI, die wir am besten [organisch] als Trugschluß erreichen. Dieses „Des VI“ wird dann „F IV“, dem das FV [in Septakkord-Form] und F I folgt [+Kadenz].

Die 5-quintige Modulation hat dasselbe Prinzip. Also z. B. C-H; Wegbestimmung: über [=Mollsubdom. von H]; e = C III, das wir nach dem Trugschluß VI erreichen. C III = H IV; dann H V und H I.

C-H

Nach dem modulatorischen Umdeutungsakt C III = H IV wird man die V der neuen Tonart am besten möglichst weich einführen; IV-V in Grundform sind aber hart und kantig; daher lieber die V als Sekundakkord [noch eleganter: mit Vorhalt], danach erscheint I als weicher Sextakkord. Ebenso können wir nun auch C-A über d ausführen: C II = A IV; danach A V_2;;I_6; Sextakkord-Durchgang; Bestätigungskadenz.

C-A

Die entsprechenden Aufgaben zu diesen 3 Typen sind mit allen anderen Grundaufgaben in der systematisch zusammengestellten Tabelle der Modulationsaufgaben zu finden. [S. 78]

Modulationen „aufwärts" nach moll

3-, 4-, 5-quintig zur Moll-Parallele

C – fis; C – cis; C – gis

Nach unserem Leitsatz: Mollakkorde [in der Modulation] als Funktionen von Dur-Tonarten aufzufassen, wäre die erste Aufgabe bei Modulationen wie C-fis, das fis zu „placieren"; fis ist [mit seinen 3♯] offensichtlich die Parallele zu A; und so kann man die bekannte Modulation C-A ausführen und muß dann nur noch auf die Nebenlinie, die Parallele fis kommen. Da wir aber die ausführliche Kadenz, die zum Trugschluß [VI] führen kann, nur am Schluß, in der Zieltonart verwenden wollen, benutzen wir statt dessen einen kurzen Durchgang von I zu VI, den wir wegen seiner häufigen Verwendung in der Romantik [Schubert: Impromtu Ges-dur; Schumann: „Mondnacht"; Chopin: Etude a-moll, op. 25] den „**Romantischen Durchgang**" von I zu VI nennen wollen.

Hier seine Entwicklung:

Der Überleitungsakkord [!] ist eine sogen. „Zwischen-Dominante“, also von dem erstrebten a-moll die einführende V als $^4_3$, die das Ungelenke des Nebeneinanders von I-VI glättet.*

Analysieren wir zur Übung folgende Aufgaben! <u>C – cis</u>: cis gehört zu E; C-E über a; a = C VI [als Trugschluß]; also <u>C-a-E-cis</u>–F nach cis: cis = E; F-E wieder über a; a ist III in F, [III nach dem Trugschluß von F-dur!] F III = E IV, dann V-I, danach der „Romantische Durchgang“ zu VI [cis] und nun cis durch Kadenz bestätigen. – Von B nach h: h = D; B-D über g; g = B VI = D IV, danch D V-I, „Romantischer Durchgang“ zu h und Kadenz.

Es-a

[a = C, Es über f nach C; f = Es II = C IV; danch CV-I, „Romantischer Durchgang“ zu a und Kadenz.]

Vergleiche die Auflösung aller solcher Aufgaben mit der Tabelle der „Quintenreihe“.

Übe den „romant. Durchgang“ wie den Sextakkord-Durchgang: als eine feststehende Vokabel in allen Tonarten!

Wie beim „Romantischen Durchgang“ von I zu VI kann man auch von I zu II und von I zu III „schnell“ d. h. ohne Anwendung des gan-

*Es muß betont werden, daß hierbei heutige Geschmacksurteile auszuscheiden haben. Als Erscheinungsform der Musik zwischen 1780 und 1880 darf die diatonisch-funktionale Modulation alle in jenen Stil gehörenden Akkordverbindungen beanspruchen.

zen Kadenzablaufs gehen. Das ist besonders für „unterwegs“, im Verlaufe der Modulation von Wichtigkeit.

Kurze Wege von C–d

Dieser Weg entspricht dem zu Anfang gezeigten Weg; hier „Zwischen-Dominante“. [!]

C–e, indem man e nicht als C III nach C VI erreicht, sondern sofort C I = e VI deutet und nun e II^6_5-V-I folgen läßt. – Alle Durchgänge übe besonders von oder zur **Terzlage**, die immer am hellsten klingt!

Modulationen aufwärts von moll aus

Soll eine Modulation von moll aus aufwärts [in der Quintenreihe] gehen, so wird sie natürlich bei einer „tiefen“ Molltonart beginnen, also etwa bei: es, b, f, c, g, d, allenfalls noch bei a; denn größere Modulationen von h oder fis oder cis würden sehr hoch hinaus kommen. Betrachten wir einmal die Aufgabe f-a, so ist man geneigt, a = C und f entsprechend = As zu deuten. Das ist, wie ein Blick auf die Tonartenübersicht der Quintenreihe lehrt, unpraktisch. Denn f kommt ja außer in der Region von As auch noch als Mollsubdominante in C vor! Und so wird aus der 4-quintig entfernt scheinenden Aufgabe durch geschickte Placierung eine 0-quintige, die auch folgendermaßen heißen könnte: Gehe von der [bestätigten] IV von C zu der [zu bestätigenden] VI von C! Daraus leiten wir die wichtige Regel ab:

Tiefe Molltonart als Mollsubdom. deuten! [z. B. f = C IV, g = D IV, b = F IV

Löse folgende Aufgaben auf: b-d = beides in F; b-a = F IV und F III [auch C VI]; b-g = F IV-F II; b-A = F-A, über d; b-E = F-E über a; b-D = b-F-g-D; b-fis = F-A, über d; b-cis = F-E über a; b-h = F-D über g; genauso: f-gis = C-H über e, also: f-C-e-H-gis.

f-gis

Erweiterte, kombinierte Modulationen

Erschienen die Aufwärts-Modulationen, die von moll ausgehen, schon wie einfache Dur-Modulationen mit „vorgehängter" Mollsubdominante [mit „Vorspann"], so wird diese Eigenschaft des gliedermäßigen Zusammenhängens einer Modulationskette bei „weiten" Aufgaben ganz offenbar. As-E ist eine 8-quintige Modulation [4♭ bis 4♯], die nicht auf einen Schlag zu bewältigen ist, da beim besten Willen kein gemeinsamer Akkord zwischen As und E aufzutreiben ist. Dieser Langstreckenflug benötigt eine „Zwischenlandung" am besten [und einfachsten] in C, so daß die Aufgabe in die zwei 4-quintigen Modulationen As-C [über f] und C-E [über a] zerfällt. So kann man die 6-quintigen Aufgaben in 3+3, 5+1 oder 1+5 Quinten zerlegen; z. B. F-H; [1♭-5♯ = 6 Quinten]: 1.) F-D [über g]; D-H [über e]; 2.) F-E [über a] E-H; 3.) F-C, C-H [über e]. 7-quintige Wege in 4+3 oder 3+4; z. B. Des-D: entweder Des /b\ F /g\ D; oder Des /es\ B /g\ D. 9-quintige Wege in 4+5 oder 5+4; z. B. Ges-A: entweder Ges /es\ B /d\ A; oder Ges /b\ F /d\ A. 10-quintige Wege in 5+5 Quinten; z. B. As-Fis: As /c\ G /h\ Fis. Die eigentliche Modulation ist also die 3-, 4- oder 5-quintige; die anderen sind kleine oder kombinierte.

Bestimme den Weg von folgenden weiten Modulationen:

6-quintig:	Ges-C,	Des-G,	As-D,	Es-A,	B-E, F-H, C-Fis.
7- "	Ges-G,	Des-D,	As-A,	Es-E,	B-H, F-Fis.
8- "	Ges-D,	Des-A,	As-E,	Es-H,	B-Fis.
9- "	Ges-A,	Des-E,	As-H,	Es-Fis.	
10- "	Ges-E, Des-H, As-Fis.				

Wegeübersicht für Modulationen

Je weiter die Wege bei den Modulationsaufgaben waren, desto deutlicher wurde das Prinzip, 3-, 4- oder 5-quintige Modulationen [von Dur nach Dur] aneinander zu ketten und wenn nötig, am Anfang oder Schluß, auch noch nach moll abzubiegen. Wollen wir uns nun eine Übersicht über **alle** diatonischen Modulationen und ihre Wege verschaffen, so gehen wir vom einfachsten Typ aus: C nach E über a, [= C–a-E]. Reihen wir dies nach oben und unten durch alle Tonarten quintig auf, so entsteht:

D–h-Fis	und durch den „Romant.-Durchg." zur Mollparallele erweitert:	D–h-Fis–dis	und mit moll [tief] beginnend [als moll-subdom.]	g-D–h-Fis–dis
G–e-H		G–e-H–gis		c-G–e-H–gis
C–**a**-E		**C–a-E–cis**		**f-C–a-E–cis**
F–d-A		F–d-A–fis		b-F–a-A–fis
B–g-D		B–g-D–h		es-B–g-D–h

Den nächsten Schritt bedeutet die kombinierte Modulation As–f-C–a-E–cis. Da wir aber nicht nur von I-VI [C–a] sondern auch I-III [C⁄e] und I-II [C⁀d] ausführen können, entsteht:

G e-H
C a-E
F d-A

wobei ⁄ immer den Weg zur III [**Oberdom.**-Paral.]
und ⁀ immer den Weg zur II [Unterdom.-Paral.] darstellt.

Diese Tafel ist ein Beweis für die mathematische Logik der musikalischen Gesetzmäßigkeiten.

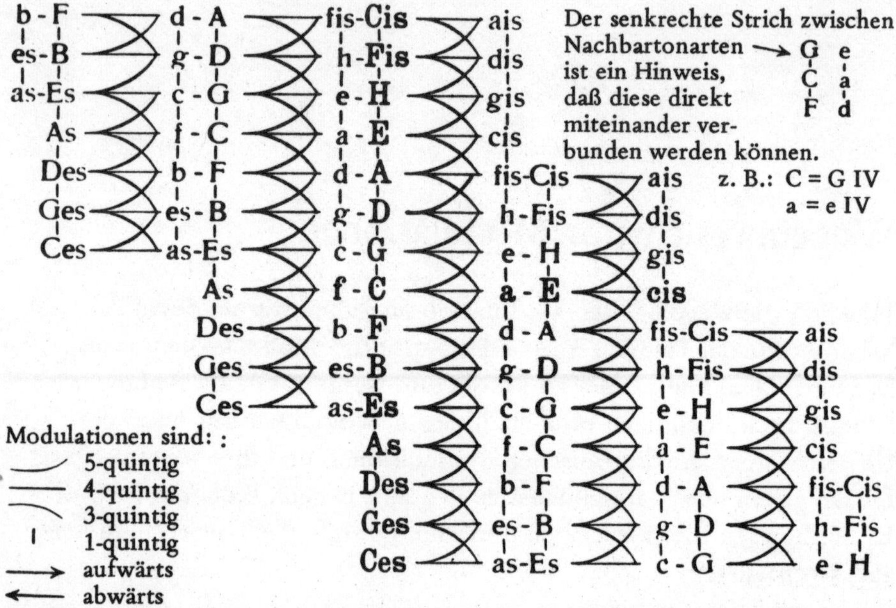

Diese Tabelle ist kein „auswendig“ zu lernendes Formelbild sondern eine Hilfe zur Bestimmung der Wege durch streng systematische Anordnung dessen, was beim analytischen Denken im Gehirn vorgehen soll; eine Ergänzung zur Tabelle der Quintenreihe. Wie bei jedem Fahrplan muß man schon wenigstens eine ungefähre Vorstellung von Richtung und Abstand haben, will man ihn zur Klärung benutzen.

Beispiele: G-H [über e]; G-Fis [über h]; G-E [über a]; G-dis [über h-Fis oder: G-e-H-dis!] G-cis [über a-E oder: G-e-H-cis!]; c-gis [c-G-e-H-gis]; Des-E [Des-f-C-a-E oder Des-b-F-a-E]; es-H [es-B-g-D-e-H oder: es-B-c-G-e-H]; As-h [As-h [As-c-G-h]; As-g [As-b-F-g oder: As-Es-g]; Ges-gis [Ges-b-F-a-E-gis oder: Ges-es-B-g-D-e-H-gis oder: Ges-es-B-c-G-e-H-gis].

Modulationen über den „Neapolitaner"

Seitdem die Meister der Neapolitanischen Opernschule um 1700 [Scarlatti, Vivaldi, Corelli] und ihre Zeitgenossen [Bach, Händel] die Mollkadenz um die Tief-Alteration des Grundtones von II [d. h. in a-moll statt h-d-f nun b-d-f] bereichert hatten, ist dieser Akkord unter dem Namen „Neapolitanischer Sextakkord" [6 der II von moll, seltener in Dur, der alterierte Ton meist oben!] ein vielbenutztes Ausdrucksmittel für leidenschaftliche Gefühlsballungen bis in die neueste Zeit geworden. Dadurch, daß die Mollskala z. B. a-moll außer a, h, c, d, e, f, gis, a und ersatzweise fis und g nun noch das b erhielt, nachdem der verminderte Septakkord auf dis eine gute [wechseldominant.] Überleitung zum $^6_4$ oder gleich zur V brachte, – hatte die Molltonart alle Mittel zu reicher, farbiger und harter, querständiger Chromatik. Benutzte Bach den Neapolitaner noch sparsam zu großartigster Spannungswirkung in der Kadenz, so machte Reger ein modulatorisches Prinzip aus ihm, das kühne Rückungen, harte Querständigkeit und schnellstes Modulieren ermöglichte.

Spiele z. B.  b ↘ h = Querstand

Allerdings ist dieses Prinzip nur in stark chromatischer Musik am Platze, die zum Erlernen einer schlichten, volksliednahen Improvisation unbrauchbar ist. Es ist stillos, simpel zu kadenzieren und plötzlich mit einem eleganten chromatischen Ruck eine überraschende Tonart herbeizuzaubern, um dann bescheiden mit IV-V-I zu enden. Bedenke, daß der „Neapolitaner" verpflichtet! Er muß vorsichtig und geschmackvoll behandelt werden. Sicherster Kritiker ist das Ohr; lerne hören, ob Modulationen „fließen", indem du ihre Oberstimme singst!

Die praktische Anwendung des Neapolitaners in der Modulation geht von der Feststellung aus, daß er die Umkehrung eines Dur-Dreiklanges ist; oder umgekehrt: daß jeder Dur-Dreiklang in Sextakkordform als Neapolitanische II_6 einer Moll- [evtl. sogar einer Dur-] Tonart gedeutet werden kann! Also: C I_6 = h II_6 Neapol. [evtl. H II_6 Neapol.]; B I_6 = a II_6 Neapol. [= A II_6 Neapol.]; G I_6 = fis II_6 Neapol. [Fis II_6 Neapol.] Dadurch werden nun weitere Wege miteinander verbunden, vor allem kann man so 6-quintige Modulationen direkt ausführen.

C-Fis Analyse: C = Neapol. von h; h = IV von Fis; also C /h\ Fis.

F-H [über e]
Genau so B-E [über a]
Es-A [über d]. Bei f-Fis wird f = C̣ IV der obigen Modulation nur „ vorgehängt“. Ähnlich wird c-fis aufgelöst: c-G-fis; b-e = B-F-e; auch C-fis könnte C-G-fis ausgeführt werden und c-Fis = c-G-Fis. Beim folgenden Beispiel ist Es I_6 als Neapol. von D-dur gedeutet. Gerade in der Zweistimmigkeit kommt die tonale Eigenschaft [Strebung, Führung, Spannung] des Einzeltones und das Richtung-wechseln, Neuorientieren desselben Tones **nach** dem [und beim!] Umdeuten zum Vorschein. Hier ist es das „d“ im 4. Takt; beachte die Dehnung beim Umdeuten!

Es-A
über D

Einfache Modulations-Aufgaben

systematisch geordnet

Die folgende Aufgabenübersicht zeigt in den senkrechten Reihen die sich allmählich vergrößernden Wege [ohne Erweiterungen] z. B.: C-a, C-a-E, C-a-E-cis; C-e, C-e-H, C-e-H-gis, dazu in Klammern dieselben Aufgaben mit „vorgehängter“ Mollsubdominante; also: f-C-a, f-C-a-E, f-C-a-E-cis; f-C-e, f-C-e-H, f-C-e-H-gis. Unberücksichtigt blieb C-G und C-D.

Grundtyp:

I-VI		I-III		I-II		I_6 = Neapolitaner	
als Trugschluß ß		nach dem Trugschluß		nach I oder VI			
C - a	**[f - a]**	**C - e**	**[f - e]**	**C - d**	**[f - d]**	**C - h**	**[f - h]**
G - e	[c - e]	G - h	[c - h]	G - a	[c - a]	G - fis	[c - fis]
D - h	[g - h]	D - fis	[g - fis]	D - e	[g - e]	D - cis	[g - cis]
A - fis	[d - fis]	A - cis	[d - cis]	A - h	[d - h]	A - gis	[d - gis]
E - cis	[a - cis]	E - gis	[a - gis]	E - fis	[a - fis]	E - dis	[a - dis]
H - gis	[e - gis]	H - dis	[e - dis]	H - cis	[e - cis]	H - ais	[e - ais]
Fis - dis	[h - dis]	Fis - ais	[h - ais]	Fis - gis	[h - gis]		
Cis - ais	[fis - ais]			Cis - dis	[fis - dis]		
F - d	[b - d]	F - a	[b - a]	F - g	[b - g]	F - e	[b - e]
B - g	[es - g]	B - d	[es - d]	B - c	[es - c]	B - a	[es - a]
Es - c	[as - c]	Es - g	[as - g]	Es - f	[as - f]	Es - d	[as - d]
As - f		As - c		As - b		As - g	
Des - b		Des - f		Des - es		Des - c	
Ges - es		Ges - b		Ges - as		Ges - f	
Ces - as		Ces - es				Ces - b	
C - E	**[f - E]**	**C - H**	**[f - H]**	**C - A**	**[f - A]**	**C - Fis**	**[f - Fis]**
G - H	[c - H]	G - Fis	[c - Fis]	G - E	[c - E]	G - Cis	[c - Cis]
D - Fis	[g - Fis]	D - Cis	[g - Cis]	D - H	[g - H]		
A - Cis	[d - Cis]			A - Fis	[d - Fis]		
				E - Cis	[a - Cis]		
F - A	[b - A]	F - E	[b - E]	F - D	[b - D]	F - H	[b - H]
B - D	[es - D]	B - A	[es - A]	B - G	[es - G]	B - E	[es - E]
Es - G	[as - G]	Es - D	[as - D]	Es - C	[as - C]	Es - A	[as - A]
As - C		As - G		As - F		As - D	
Des - F		Des - C		Des - B		Des - G	
Ges - B		Ges - F		Ges - Es		Ges - C	
Ces - Es		Ces - B		Ces - As		Ces - F	
C - cis	**[f - cis]**	**C - gis**	**[f - gis]**	**C - fis**	**[f - fis]**	**C - dis**	**[f - dis]**
G - gis	[c - gis]	G - dis	[c - dis]	G - cis	[c - cis]	G - ais	[c - ais]
D - dis	[g - dis]	D - ais	[g - ais]	D - gis	[g - gis]		
A - ais	[d - ais]			A - dis	[d - dis]		
				E - ais	[a - ais]		
F - fis	[b - fis]	F - cis	[b - cis]	F - h	[b - h]	F - gis	[b - gis]
B - h	[es - h]	B - fis	[es - fis]	B - e	[es - e]	B - cis	[es - cis]
Es - e	[as - e]	Es - h	[as - h]	Es - a	[as - a]	Es - fis	[as - fis]
As - a		As - e		As - d		As - h	
Des - d		Des - a		Des - g		Des - e	
Ges - g		Ges - d		Ges - c		Ges - a	
Ces - c		Ces - g		Ces - f		Ces - d	

Diesen „Aufwärts"-Modulationen entsprechen die „abwärts" durch Umkehrung: statt C-E:E-C.

Mit diesen ca. 460 Aufgaben sind alle gebräuchlichen 3-, 4-, 5- und 6-quintige Modulationen zusammengefaßt. So kann sich der Studierende selbst „richtige" Aufgaben stellen, da in jedem Kästchen immer nur die transponierten Beispiele des Paradigma stehen.

Die Modulationen „abwärts"
in der Quintenreihe

Da bei der diatonisch-funktionalen Modulation der „Weg" zwischen zwei Tonarten durch einen in beiden vorkommenden Akkord bestimmt wird, so muß er sowohl „hin" wie auch „zurück", auf- wie abwärts derselbe sein. Gehe ich also von C nach E über a [C VI = E♮ IV], so kann ich auch von E nach C über a kommen, indem ich E♮ IV = C VI deute. Oder: C-H und H-C über e; B-G und G-B über c; B-fis und fis-B über $\substack{d\text{-}A \\ A\text{-}d}$ Vergleich: Die Verbindung zwischen 2 Punkten bleibt hin und zurück die gleiche.

Das Problem der „Abwärts"-Modulation ist nun: wie komme ich in E nach a? Das a ist in E die ♮IV; oder umgekehrt: E ist in a-moll die V, an der zur vollen Wirkung nur noch die wichtige Septime „d" [*e-gis-h-d!*] fehlt, die wir am besten im Baß nachschlagen, damit wir die neue I von a weich als Sextakkord erhalten, dem der bekannte Durchgang zur Grundform [von a I] folgt. Und nun sind wir an einem Scheidewege; wir können das a=CVI oder G II oder F III deuten und müssen nur noch geschickt zur I der gewünschten Tonart kommen. Dazu dient unsere Funktionsreihe: VI geht über II-V zu I; II über V zu I und III eigentlich über VI - II -V zu I, statt dessen kurz: III [als Dominant-Parallele] über den Dominantvierklang zu I. – Hier der schematische Weg, mit einfachem Sextakkord-Durchgang am Anfang.

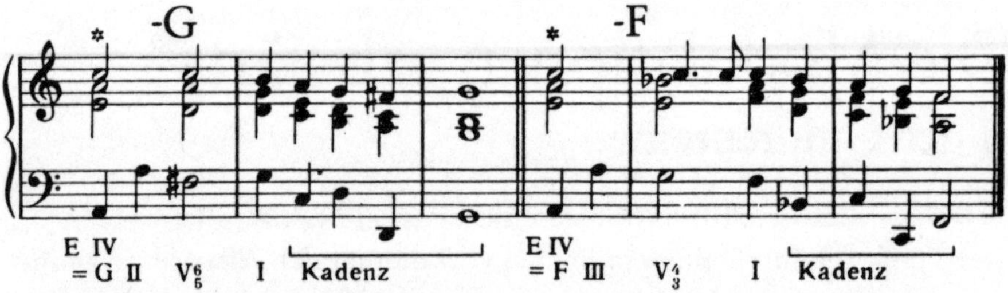

Beginnt eine Abwärts-Modulation mit moll [gis, cis, fis, h, e, a...], so wird es der Hauptmodulation [von Dur nach Dur] wieder „vorgehängt"; diesmal allerdings, indem man z. B. cis [nicht als Mollsubdominante, sondern] als E VI deutet, das über II_6 [oder IV] und V zu E I führt; hier ist E IV [wie übrigens meistens!] zu I_6 und nicht zu V geführt.

Endet eine Abwärts-Modulation auf einer [tiefen] Molltonart, so wird diese als Mollsubdominante gedeutet und an die Hauptmodulation [von Dur nach Dur] angehängt; z. B. A-f=A /^{d}\ C-f. Bei dem folgenden Beispiel ist das Motiv der Anfangsmelodie später wieder verwendet. Solche „freien" Modulationen, die das erstrebenswerte Ziel sind, müssen länger sein und die einzelnen berührten Tonarten fürs Gehör erst etwas „Grund fassen" lassen. Nicht Schlag auf Schlag neue Harmonie bringen! Zur Phrasierung gehören Ruhepunkte.

A-f

Ergänzungen zur Modulationslehre

Mit den bisherigen Modulationstypen können wir alle erdenklichen Modulationsaufgaben lösen, die meisten sogar auf verschiedene Art [Wege]. Zur Ergänzung seien noch einige in der Klassik und Romantik bisweilen gebrauchte Übergänge dargestellt, die hauptsächlich für kurze Wege und sogenannte „Ausweichungen" gut zu benutzen sind.

C-g

C I=gIV V_2 I_6

Bei C-g wird die aus der melodischen Molltonart gebildete Dursubdominante von g benutzt; also: C I = g IV; danach V nicht in Grundform sondern als Sekundakkord. Beachte, daß das „melodische" e über fis ins g geführt werden muß. Darum liegt es gewöhnlich in der Oberstimme. Dieser Weg verbindet C-g-D, also 2-quintige Aufgaben [aufwärts]. Sehr gut könnte man das g auch als F II deuten, notfalls noch als B VI [und Es III].

Bei g-a wird d als g V und als a IV gedeutet [mit „melodischem" f statt fis in g-moll]. Oder man nimmt [günstiger] an: g I=dIV, danach d I_6 = a IV - V - I. Bei a-g ist a I = g II, nur muß das „melodische" e [in g-moll], weil es abwärts geführt wird, in das „harmonische" es herabgebogen werden. Die im Baß gleichzeitig erklingende Septime [*a-c-es-g*] führt zwingend zu fis [g V].

g-a

a-g

Die Modulation C-c und c-C wird am besten über f ausgeführt. Für C-g wird in der Romantik häufig das Herabziehen der Tonikaterz [*e* zu *es*] verwendet. Bei C und c nebeneinander ist das letztere nicht Ziel sondern Mittel [Durchgang] zu g oder B.

A-e

Nach *a* hier statt *F* sofort das *F-a-c-es!* [Oft so bei Schubert!] Dadurch kann man E – B [6-quint. abwärts] gut ausführen.

a-B

Analysiere folgende Modulationen, indem du den Weg heraussuchst und Akkorde bestimmst. Erst die Hauptakkorde festlegen und hören, wo Durchgänge als Bewegung oder Schmuck auftreten, und deshalb nicht Kern oder Gerüst sind. Die größte Schwierigkeit bei komplizierten freien Sätzen besteht darin, daß Vorhalte und Durchgänge sich oft in neue Dissonanzen fügen. Die Beherrschung solcher „freien" Modulationen setzt allerdings ein Vertrautsein mit den Gesetzen der Melodiebildung und des flüssigen Tonsatzes voraus, die später folgen.

F-h

b-e [einstimmig]

Die freie und chromatische Modulation

Es ist bezeichnend, daß schon beim Aufkommen der Chromatik um 1600 das überraschende Aneinanderrücken fremder Akkorde [als Klangreiz] zu finden ist [Gesualdo, Monteverdi, Schütz (Osterdialog)] zumal da damals die funktionale Dur- und Moll-Tonalität noch nicht ausgebildet war. Wie schon in Bachs Chromatischer Fantasie haben später bei Liszt, Wagner, Bruckner, Reger kühne, mehrdeutige Akkordverbindungen die Tonikalität ziemlich gelockert. Zum Erlernen der Modulation ist das Nachahmen solcher stil- und zusammenhangsbedingten Freiheiten keineswegs ergebnisreich, denn wichtiger als das „Verwenden" einiger alterierter, vieldeutiger Akkorde ist das Fließen der **Melodie** beim improvisierten Modulieren. Und das ist erfahrungsgemäß bei **jedem** Musiktreibenden [auch Nicht-Pianisten!] am leichtesten aus dem Kadenzieren und dem rhythmisch-motivischen Variieren einfacher harmonischer Abläufe zu entwickeln.

Als Beispiel eines „vieldeutigen" Akkordes diene der 3fach alterierte

IV$^6_5$ [bzw. II$^4_3$] in C: $\begin{matrix} \text{fis} & \text{fis} \\ \text{es} & \text{dis} \\ \text{c} & \text{c} \\ \text{as} & \text{as} \end{matrix}$ [vgl. Liszt: Klav.-Konz. A dur]. Hier

12 Auflösungen [aus zahllosen Möglichkeiten].

Eine andere Art freier Modulationen stellen die „**Terzverwandtschaften**" dar, bei denen ein gemeinsamer **Ton** zum Umdeuten genügt: z. B. kann das „c" von C-dur als Terz von As-c-es gedeutet werden und dessen „es" wieder als Terz von Ces-es-ges. [Schubert, Liszt, Wagner, Bruckner]. C-dur ist also terzverwandt mit As, A, Es und E. Bei As wird der Grundton von C, bei Es die Quinte von C zur Terz der neuen Tonart. Bei E wird die Terz von C Grundton, bei A Quinte der neuen Tonart. Charakteristisch ist das unvermittelte Nebeneinandersetzen der Tonarten. Verbindend wirkt hier am besten ein rhythmisches Motiv.

Fast berüchtigt wegen seiner Vieldeutigkeit ist der verminderte **Septakkord.** Da es [klanglich] von ihm nur 3 Typen gibt: die auf „c", auf „h" und auf „cis" [denn *es-fis-a* wie c] und da jeder von ihnen nach jedem Dreiklang gespielt werden kann, ist es also möglich, jede beliebige Modulation mit einem einzigen Verbindungsakkord zusammenzubringen. Übe erst den „verminderten" Akkord in folgender Lage: „h", rechts „f-as-d" in allen 12 Möglichkeiten [als „Griff"!] Dann braucht man von der gewünschten Tonart nur den Leiteton in der Oberstimme zu spielen, darunter den „verminderten", dann links [leise!] einen

Halbton herab, – und fertig ist die neue Dominante, die nach Dur oder moll aufgelöst werden kann. Da bei dieser Art Umdeutung 1, 2 oder 3 Töne enharmonisch vertauscht werden [z. B. es = dis] spricht man hierbei von „enharmonischer Modulation". Vgl. Beethovens op. 13 und Schuberts Sonate in B [posth.]; Überleitung zum 2. Thema.

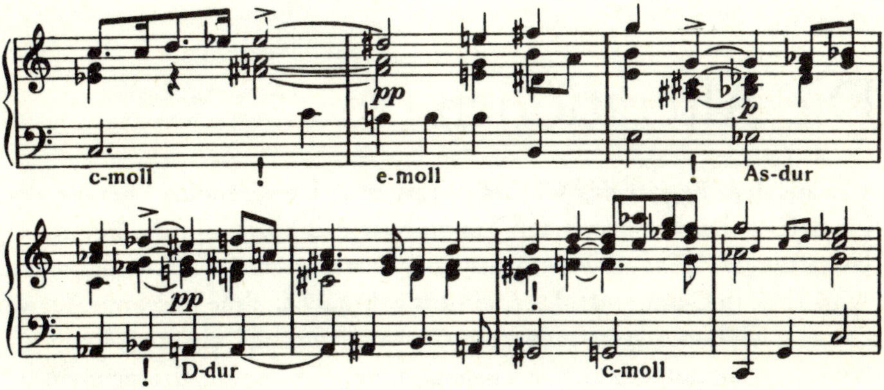

Schließlich sei dieser „Überraschungs-Technik" ein Beispiel diatonisch-melodischer Modulation gegenübergestellt, das sich aus dem bisher Dargestellten und Erlernten entwickeln läßt.

Die Alterationen

Wie aus dem Begriff des Wortes „alterieren" [= verändern] hervorgeht, handelt es sich bei alterierten Tönen oder Akkorden um die Benutzung leiterfremder Töne, die die Basis einer bestimmten Tonart voraussetzen. Wird z. B. in C-dur statt des *F* ein *Fis* gebraucht, ohne daß eine Ausweichung nach G-dur stattfindet, ein *Gis* [ohne a-moll], ein *As* [ohne c-moll], so handelt es sich strenggenommen schon um Alterationen. Diese finden wir seit der Stabilisierung von Dur und moll bei den Wiener Klassikern, sowie in der Früh- und Hochromantik bis etwa zu Wagner, Brahms und Reger in der Spätromantik. Als die tonartliche Basis durch fortwährendes Ausweichen und Modulieren fließend und oft zweideutig geworden war, wurden auch die alterierten Akkorde allmählich zu selbständigen Gebilden ohne feste tonikale Auflösungsverpflichtungen. Obwohl eine große Zahl alterierter Akkorde denkbar und konstruierbar ist, ist in dem Zeitabschnitt ihrer spezifischen Verwendung doch nur eine beschränkte Anzahl häufig gebraucht worden.

Von den Akkorden, die alterierte Töne enthalten, sind 4 sowohl durch ihre Häufigkeit als auch durch die relative Klarheit ihres Klanges gesondert zu behandeln. 1.) Der neapolitanische Sextakkord [s. d.]. Dieser Sextakkord von der alterierten 2. Stufe in moll, der auch in Dur gebräuchlich ist, hat so sehr Heimatrecht in Dur und moll erworben, daß man ihn nicht zu den „alterierten" Akkorden zu rechnen pflegt. 2.)

Dasselbe gilt von der Moll-Subdominante. Die herunter- bzw. tiefalterierte 6. Stufe in Dur [also in C-dur das *f-as-c* anstatt *F-a-c*] ist charakteristisch für diesen und ähnliche Akkorde [z. B. *d-f-as-c* in C-dur].

Diesen beiden Akkorden mit einer bzw. zwei Tiefalterationen, die in dem Subdominantbereich der Moll-Tonart beheimatet sind, stehen 2 Akkorde zur Seite, die Herauf- bzw. Hochalterationen enthalten. Es handelt sich hierbei in der Regel um die heraufalterierte 4. Stufe in Dur oder moll, wie wir sie in dem verminderten Septimenakkord bzw. dem verminderten $^{6}_{5}$-Akkord kennen, der in der Kadenz oft nach dem II_6-Akkord und vor der V bzw. dem $^{6}_{4}$-Akkord anzutreffen ist, z. B. in c-moll oder C-dur der Akkord *Fis-a-c-es.* Auch dieser Feld-, Wald- und Wiesenakkord auf der erhöhten 4. Stufe in Dur und moll wird gewöhnlich als Gattung für sich gerechnet.

Der 4. Akkord enthält ebenfalls die erhöhte 4. Stufe in Dur oder moll, also das Fis [mit dem *a-c-d*] statt des *f* in C-dur. Dadurch wird aus der subdominantischen II^{6}_{5}-Form eine deutliche Dominantform für die Dominante. Mit anderen Worten, das *D-fis-a-c* bedeutet in C-dur die Dominante von *G-h-d*, der richtigen C-dur Dominante. Diese „Dominante der Dominante“ nennt man „**Wechseldominante**“. Die Schreibweise DD ist sehr anschaulich dafür [Beispiele]. Wird die reine Wechseldominante in moll gebraucht, so muß das *as* zu *a* verändert werden. Unterscheide aber den Akkord *D-fis-a-c* [in C bzw. c] in seiner Funktion als Wechseldominante von seiner anderen möglichen Funktion: der Ausweichung nach G-dur. Entscheidend bei der Beurteilung ist, daß bei der Wechseldominante eben die Tonart nicht verlassen wird, also am besten der $^{6}_{4}$-Akkord [*g-c-e-g* bzw. *g-c-es-g*] folgt oder die Dominante mit der bestätigenden Septime [*G-h-d-f*]. Nicht ganz logisch aber durch die Praxis üblich ist es, die Wechseldominante in moll erst dann als „echten“ alterierten Akkord zu werten, wenn z. B. in c-moll das *as* nicht zu *a* in der Wechseldominante erhöht wird. So entsteht ein wechseldominantischer Akkord *d-fis-as-c*, meist in der $^{4}_{3}$-Form, als *as-c-d-fis.* Als Kriterium der „Eigentlichkeit“ dieses alterierten Akkordes wird angegeben, er enthalte eine übermäßige Sexte *as-fis*. Diese muß sich in die Oktave *G-g* auflösen. Ähnlich verhält es sich mit den von der 4. Stufe abgeleiteten Akkorden in moll *fis-as-c-es* bzw. *as-c-es-fis*. Diese Akkorde haben alle wechseldominantischen Charakter und lösen sich daher am besten in den $^6_4$-Akkord der Grundtonart als Vorbereitung der Dominante auf. Diese Akkorde werden häufig von [c-] moll auch auf [C-] dur übertragen, wobei sie dann die imponierende Bezeichnung „doppelt“ oder gar „dreifach-alterierter“ Akkorde gewinnen.

Zu diesen beiden hauptsächlichen [wechseldominantischen, also aus der Subdominante stammenden] alterierten Akkorden II^4_3 und IV^6_5 [beide meist auf *as* in C], kommen vereinzelt noch alterierte Dominant- und Tonika-Akkorde vor. Von *G-h-d-f* läßt sich nur *d* zu *dis* alterieren. Denn es ist ein Kennzeichen der Alteration, daß sie eine leitetonartliche Verschärfung darstellt, also überhaupt nur zwischen Ganztönen brauchbar erscheint. So kann zu dem *G-h-f* ein leuchtendes *dis* [statt *d*] hinzutreten, muß aber vom *f* die Entfernung einer übermäßigen Sexte haben. Unter dem *f* würde es als verminderte Terz zu einem Tonklumpen verschwimmen. Also schlecht: *G-h-dis-f*, gut z. B. *G-h-f-dis* oder *G-f-h-dis*.

Von der Tonika [*C-e-g*] kann höchstens die Quinte zu *gis* verschärft werden. Dieser geschärfte Akkord mit übermäßiger Quinte muß als „alteriert“ bezeichnet werden. Er ist nicht sehr häufig und will sich unmittelbar in die IV auflösen: *F-a-c*. Er wird gern als 6-Akkord gebraucht: *e-c-gis-c*.

Überblicken wir nun die wichtigsten alterierten Akkorde, so machen wir eine wichtige Feststellung: Bei den meisten Alterationen handelt es sich um eine Erhöhung der 4. Stufe in Dur oder moll oder um die Herunteralterierung der 6. Stufe in Dur. In beiden Fällen ist der angestrebte und dadurch hervorgehobene Ton die 5. Stufe, die Dominante in C-dur also das „*g*“, das durch *fis* bzw. *as* erstrebt wird. Daraus ergibt sich ein wichtiges und ausgezeichnetes Hilfsmittel für die Bestimmung und Analyse von alterierten Akkorden, die einem begegnen. Sollen wir z. B. einen Akkord *B-e-gis-d* bestimmen und auflösen, so müssen wir folgenden Denkweg zurücklegen:

B-d-e-gis kommt so in keiner Dur- oder Molltonart vor, enthält also Alterationen. Der alterierte Ton (x) muß herausragen, herausfallen. Aus dem Tonverband *B-d-e-gis* ist *gis* der qualitativ [im Sinne der Quintenreihe] weitaus „höchste" Ton, er ragt erheblich aus der Tonregion *B-d-e* heraus. Da nun aber die normale Hochalteration auf einer 4. Stufe stattfindet, würde das *gis* ein hochalteriertes *g* sein und als solches eine hochalterierte 4. Stufe der Tonart d-moll. Damit ergibt sich auch die Auflösung in den $\frac{6}{4}$-Akkord von d-moll, in unserem Falle *A-f-a-d.* Es folgt V und I von d-moll. Sollte sich dieser Akkord aber nach D-dur auflösen, dann war er zweifach alteriert. Er enthielt außer der hochalterierten 4. Stufe [*gis* statt *g*] noch die tiefalterierte 6. Stufe [*b* statt *h*].

Auf diese Art wird man die größte Zahl der so sehr gefürchteten alterierten Akkorde leicht bestimmen können. Analysiere ähnlich *As-fis-c-es* kurz: was ragt heraus? – *fis*. In welcher Tonart ist *fis* die hochalterierte also 4. Stufe? – in c. [Auflösung: $\frac{6}{4}$-Akkord von c-moll].

Bestimme *Des-f-h-g* [heraus ragt? – *h*. Hochalteriert von? – *b*, also f-moll, Auflösung zu *f* $\frac{6}{4}$ V I].

Wohin gehört *fisis-e-a-cis?* Heraus ragt? – *fisis.* Also Alteration von? – *fis*, also von: cis-moll.

Ähnlich *Ges-c-b-e, Ges-des-b-e, C-ges-b-e* usw.

Eine häufig vorkommende Inkonsequenz besteht darin, z. B. *Des-g-h-f* nach C-dur auflösen zu wollen. Dieses ergibt sich aus der nachromantischen Klangerfahrung. Solange jedoch die üblichen alterierten Akkorde noch den tonikalen Funktionskräften folgen, löst sich dieser Akkord nach *f* bzw. *F* auf. Wichtig ist dabei, zu erkennen, daß f-moll [bzw. F-dur] die wirkliche Tonika für *Des-g-h-f* ist, während *C-e-g,* der nächste Auflösungsakkord, aber nicht Tonika sondern erst noch Dominante für f-moll bzw. F-dur ist!

Hierbei sei auf eine andere, häufig zu beobachtende Begriffsverwirrung hingewiesen. Immer wieder lautet die Antwort auf die Frage z. B. nach der Dominante von f-moll, die V von f sei C-dur! Das ist eine gefährliche Gedankenlosigkeit, denn C-dur ist eine selbständige Tonart, die Nachbartonart von F, eine Tonleiter, deren 7. Stufe z. B. *h* heißt, während die V von F-dur *C-e-g* heißt, wozu häufig noch das *b* und sogar ein „*des*" als None hinzutritt.

Die erwähnte Auflösung von *Des-g-h-f* in *C-g-c-e* löst die Aufgabe eben nur halb. In der Klassik und Romantik finden sich nur wenige Ausnahmen zu der Regel, daß ein solcher alterierter Akkord z. B. nach f-moll gehört. Es sei nochmals betont, daß bei Wagner, Bruckner, Hugo Wolf, Reger, Debussy und später zahllose alterierte Akkorde sich nicht mehr tonikal [diatonisch-funktional] sondern chromatisch-enharmonisch auflösen. Nicht selten ist dann die wichtigste Richtschnur: Je überraschender und aparter, desto schöner! z. B. Strauss „TillEulenspiegel".

Alterierte Akkorde

Aufgaben: Bestimme folgende alterierte Akkorde und löse sie tonal auf.

Akkordauflösungen

Sollen Akkorde wie die folgenden richtig aufgelöst werden, so muß man feststellen:

1.) Wie heißt der Akkord? – Form, Umkehrung: was ist Grundton?

2.) Zu welcher Tonart gehört er? – Welche Stufe; kommt er in anderen Tonarten vor?

3.) Wie löst er sich auf? – Funktionell zu I hin.

4.) Ist der Akkord natürlich oder verändert? – Durch Alteration oder Vorhalte.

Beachte bei der Ausführung die Stimmführungsgesetze; lagere in Gedanken zuerst alle Töne in **engster** Aufreihung über dem Baßton, dann ergeben die Intervalle vom Baßton aus gerechnet [notfalls ♯ und ♭ auslassen] die Bezeichnung des Akkordes. [6^4_3 $\substack{7\\4\\2}$ usw.]Kommt keine der Grundformen oder Umkehrungen heraus, [indem z. B. 2 Sekunden oder 2 Quarten da sind], so handelt es sich um einen Vorhaltsakkord. Versuche [singend!] zu **hören**, welcher Ton [welche Töne] als uneigentlich und vorhaltend in die Stammtöne des Akkordes strebt. Löse bei der Zugehörigkeit zu mehreren Tonarten **alle** Möglichkeiten auf!

Beispiele

= Sextakkord
von *cis - e - g*
= h II_6 od. D VII_6
Auflösung:
h $II_6 - {}^6_4 - V - I$
D $VII_6 - I_6$

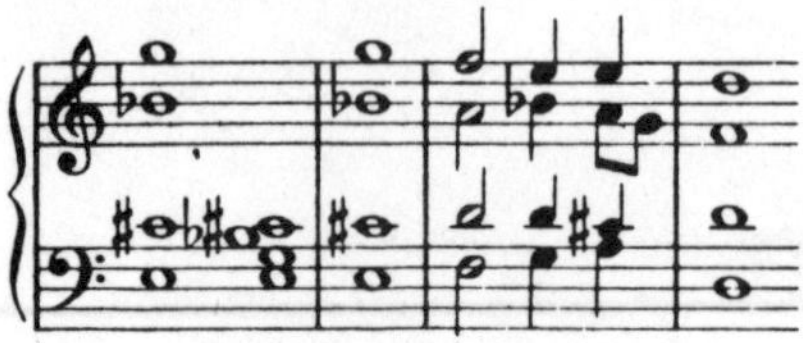

$= {}^6_5$ d VII^6_5 I_6 Kadenz

7 = Des V_7 I II^6_5 V_8 7 I

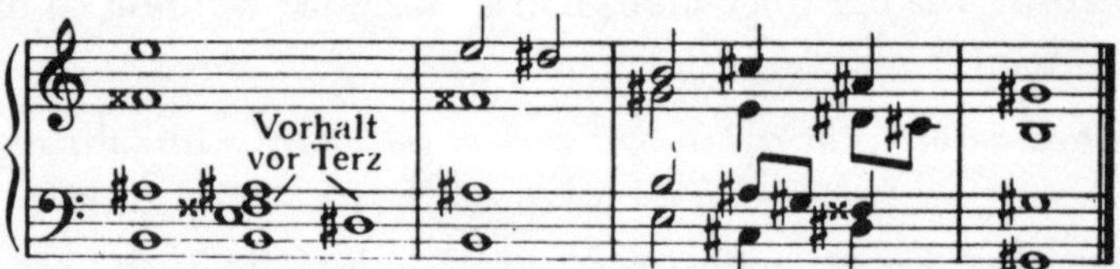

${}^7_4$ = gis III^4_7 ${}^3_-$ VI II_6 - V_8 7 I

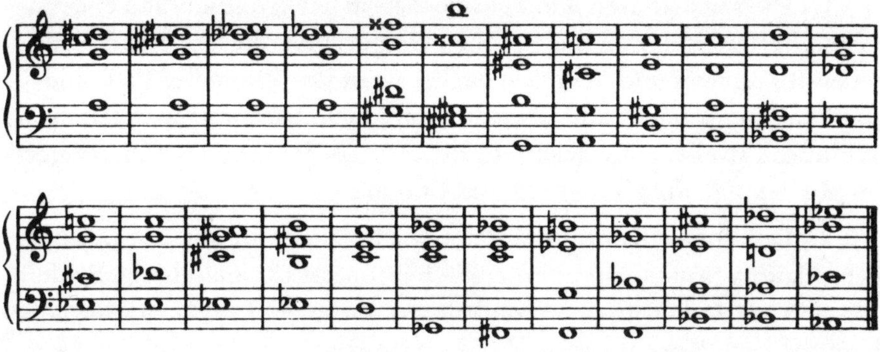

Verschiedene Arten von Tonalität

Die meisten Erklärungen und Beispiele von Akkordlehre, Kadenz, Modulation und Harmonisation enthalten die stillschweigende Voraussetzung, daß die Gesetze der harmonisch-kadenzierenden Homophonie gelten sollen, die uns aus den Werken von Haydn bis Brahms und dem neueren Volkslied zur selbstverständlichen Tonsprache geworden sind. Mit der zunehmenden Pflege und Anerkennung von „alter" Musik [und altem Volkslied] sowie zeitgenössischem Schaffen ist der Blick für die verschiedenen Arten von „Tonalität" frei geworden, die im Entwicklungsverlauf der abendländischen Musik Bedeutung gewonnen haben. Sie sind in großen Zügen folgende:

1.) Die sogenannten **Kirchentonarten** in der grundsätzlich einstimmig-unbegleiteten, rein melodischen **Gregorianik**, die keine harmonischen Bindungen und demnach auch keinen [funktionellen] „Grundton" kannte, sondern zur „Finalis", dem melodisch ausgependelten Schlußton strebt. – Entwicklung bis zum 13. Jahrhundert; später noch im Minnesang, alten Volkslied und Choral.

2.) Der **lineare Kontrapunkt** der Niederländer im 15., 16. Jahrhundert; Cantus-firmus-Polyphonie; kirchentonartlich; melodische **Schlußformeln** mit Leiteton, ohne tonikale Funktionen [Kadenzen]. Stimmen bindung nach Konsonanz- und Dissonanz-Gesetzen.

3.) Entwicklungszeit von Dur und Moll im 17. Jahrhundert; Reste der Kirchentonarten, Kadenzen [Haßler] und Chromatik [Schütz]. Harmonisch gebundene Polyphonie im **Generalbaß**.

4.) Die reine harmonische, [homophone] Dur- und Moll-Tonalität mit einfachen Grundfunktionen [Gluck] und allmählich immer reicherer [und schnellerer] Modulation [mit Chromatik] in **Klassik** und Romantik. Höhepunkt der schlichten Dur- und Moll-Tonalität in der Wiener Klassik [und J. A. P. Schulz]. Krise der romantischen Harmonik bereits in R. Wagners „Tristan" [1865], da durch Alterationen und Dissonanzketten oft der jeweilige Grundton [und daraus die Beziehung und Deutbarkeit der einzelnen Töne] nicht leicht wahrgenommen werden kann.

5.) Klangkomplexe und -fortschreitungen in chromatischen Rükkungen, schnellen Modulationen [**Neuromantik, Spätromantik** H. Wolf, Reger] verbunden mit farbenreicher Ganztonakkordik [**Impressionismus**, Debussy] und Reizklängen [Akkorde oft wie Einzeltöne behandelt] führen zur Auflösung der Dur-Moll-Tonalität [Strawinsky]. Reine Chromatik 12 Ton-System; Polytonalität [Honegger]; reine kontrapunkt. Linearität [Hindemith].

6.) Neue Harmonik auf der melodischen Linearität des alten Volksliedes [und der Gregorianik] bauend [Pepping, Distler]: polyphon. sparsamere Chromatik, freie Akkordbindungen und -überschneidungen; meidet glatte Kadenzen, Struktuelle und vegetative Dissonanzspannungen. Konsonanzen meist bei Phrasierungsenden.

Eine Harmonielehre, die den Musiker zur Bewußtwerdung dessen, was er hört und ausübt, bringen und ihn zur Beherrschung aller satztechnischen Mittel führen will, darf nicht bei der [zwar methodisch grundlegenden] „Funktions"-Theorie stehen bleiben, sondern muß den Weg von der Starrheit des dicken 4-stimmigen Satzes zur Beweglichkeit der Gegenstimmentechnik öffnen, wie ihn schon J. S. Bach als Lehrer gewiesen hat.*) Deshalb werde ich in der Harmonisations-Lehre die Aufmerksamkeit des Lernenden auf den Baß als Haupt-Gegenstimme zur Melodie lenken [Continuo-Technik]. Ein fließender Baß, der zur Oberstimme [zunächst] konsonant und immer selbständig läuft, enthält alle Grundzüge der Satzlehre und eines brauchbaren neuzeitlichen Kontrapunktes in sich.

*) Vgl. die Darstellung von Bachs Lehrart in der Komposition in S. Borris „Kirnbergers Leben und Werk" [Bärenreiter-Verlag 1933].

Die Modalität der Kirchentonarten

Von den verschiedenen Möglichkeiten, innerhalb des Oktavraumes 7-stufige Tonleitern zu bilden, bedeuten das Dur- und Mollgeschlecht nur zwei bevorzugte. Aber selbst für diese Feststellung ist die Einschränkung nötig, daß die Bevorzugung des Dur und moll und die Proklamierung seiner naturgegebenen Vorrangstellung erst im 18. Jahrhundert zur vollen Auswirkung kam. Dies steht in Verbindung mit der Auflösung der spätbarocken Polyphonie und deren Ablösung durch ein funktional-harmonisches Melodieempfinden: die harmonisch begleitete Homophonie [Gluck, Mozart usw.].

Bekanntlich hat die uneingeschränkte Herrschaft von Dur und moll kaum 2 Jahrhunderte gedauert. Schon vor 1900 war eine der wichtigsten Voraussetzungen, das klare Funktionsempfinden, durch den Chromatismus [Wagners „Tristan", Hugo Wolf, Reger], ausgelaugt und oft bewußt bis zur Unkenntlichkeit verunklärt [Alterationen!].

So finden wir mit dem Beginn des Impressionismus verschiedenartige neue Tonleiterbildungen. Von ihnen nimmt Debussys 6-stufige, konstruktiv gewonnene Ganztonskala [nach exotischem Vorbild] eine Sonderstellung ein. In der Folge *c-d-e-fis* [*ges*] *-gis* [*as*] *-ais* [*b*] *-c* [bzw. *his*] ist das diatonische Bezogensein der Intervalle aufgehoben. Wenn *e-fis* dem *e-ges* gleichgesetzt wird, hört ein wesentlicher Teil melodischer Strebungsgesetzmäßigkeit auf zu funktionieren.

7-stufig jedoch waren in der Regel die Tonleiterbildungen, die in der damals erstarkenden Folklore bekannt wurden. Nordische, russische, balkanische Weisen [seit Grieg, Mussorgski und Bartók] weisen Skalen auf, deren übereinstimmendes Merkmal darin besteht, daß ihre Melodik keine harmonischen [funktionalen] Verpflichtungen hat. Dieses reine, einstimmige Melos ist also diatonisch. Diese Diatonik bildet die Grundlage aller neueren Musik, – sofern sie sich nicht an die Schönbergsche 12-Ton-Konstruktionstechnik bindet.

Andererseits ist diese Art harmoniefreier Diatonik aber auch schon Jahrtausende alt. Sie bildet das Auffassungsschema der einstimmig, unbegleitet gesungenen Hymnen des klassischen Griechenland und danach noch fast 2 Jahrtausende die Grundlage für die frühchristliche liturgische Kunst, die wir unter dem Begriff der Gregorianik zusammenfassen. Die 8 bzw. 12 gebräuchlichen Tonarten [eigentlich Tongeschlechter], die von den mittelalterlichen Theoretikern entwickelt worden sind, hießen „modi" und werden heute Kirchentonarten genannt.

Die Bezeichnung Kirchentonarten erweckt leicht dadurch eine falsche Vorstellung, daß man sie nur auf geistliche Musik anzuwenden geneigt ist. Tatsächlich aber liegen die Kirchentonarten auch den weltlichen Weisen des 12. bis. 17. Jahrhunderts zugrunde und bestimmen, in Mischungen bis zur allmählichen Unkenntlichkeit, die polyphoneKomposition bis zu den Zeiten Bachs hin. Wollen wir uns eine kurze Übersicht über die 12 gebräuchlichen Kirchentonarten machen, so ist prinzipiell folgendes zu beachten:

Die Modalität [Kirchentonartlichkeit] ist [im Gegensatz zur Tonikalität] grundsätzlich einstimmig, unbegleitet, funktionsfrei. Kirchentonarten haben daher weder Grundtöne noch Leitetöne. Zur Bestimmung einer Kirchentonart ist entscheidend: 1. Die „finalis", der Schlußton, in dem sich die melodische Spannung auspendelt. 2. Der „ambitus", der Umfang, der als perfectus gilt, wenn er den Oktavraum umfaßt, als imperfectus, wenn er diesen nicht erreicht, und als plusquamperfectus, wenn er Melodieumfang den Oktavraum überschreitet. 3. Ist der sogenannte Repercussionston bedeutsam: es ist der oft wiederholte Nebenton [ähnlich unserer 5. Stufe], der eine Terz, Quarte oder Quinte über der finalis liegen kann. 4. Nicht entscheidend ist der Anfangston. 5. Modi können transponiert werden, ähnlich dem Dur- oder Mollgeschlecht, also auf jeder Stufe stehen. 6. In der Praxis kommen Mischungen der modi vor. 7. Das Charakteristische jedes modus ist die Stellung seiner beiden Halbtöne. Diese ist in jeder einzelnen Kirchentonart anders als in moll und Dur. Nur der ionische modus deckt sich hinsichtlich des Tönevorrats mit Dur.

Aus der folgenden Übersicht werden die Eigenarten der modi erkennbar. Ergänzend sei hinzugefügt, daß den 6 Haupt-modi [auf d, e, f, g und erst später auf a und c] als den sogenannten authentischen Kirchentonarten, 6 „plagale" oder Nebenformen zur Seite standen, deren Umfang nur eine Quarte tiefer steht, aber mit der Haupttonart durch die gleiche finalis verbunden ist.

Die wichtigste erste Kirchentonart heißt **dorisch**. Ihr Umfang reicht von *D* über *e, f, g, a, h, c* zum hohen *d*. Die finalis ist *d*, oben oder unten. Die Halbtöne stehen im Dorischen immer zwischen 2-3 und 6-7. Dorisch ist der Re-Modus [auf d]. Banal ausgedrückt: ein C-dur der 2. Stufe. Die plagale Nebenform zu dorisch steht, wie gesagt, eine Quarte tiefer, von *A-a'*, schließt aber in *d*.

Die 2. Kirchentonart heißt **phrygisch**. Sie reicht von *E-e* [*e, f, g, a, h, c d, e*], finalis ist *e*, die Halbtöne stehen zwischen 1-2 und 5-6. Phrygisch ist ein Mi-Modus oder banal: [d. h. von C-dur aus aufgefaßt] eine Melodie, die auf der 3. Stufe [dem *mi*] endet. Phrygischplagal steht wieder eine Quarte tiefer, also von *H-h,* finalis in *e*.

3. **Lydisch.** *F, g, a, h, c, d, e, f.* Finalis in *f,* Fa-Modus, Halbtöne 4-5, 7-8. Lydisch-plagal *C-c,* finalis in *f.*

4. **Mixolydisch.** *G, a, h, c, d, e, f, g,* finalis in *g,* Sol-modus, Halbtöne 3-4, 6-7. Mixolydisch-plagal von *D-d,* finalis in *g.* Beachte den Unter-

schied zwischen mixolydisch-plagal und dorisch, deren Ambitus zwar übereinstimmt [*D-d*], deren entscheidende finalis aber im Mixolydischen *g* ist, während sie bei der dorisch-plagal zum *d* zurückstrebt. Die beiden modi, die erst in der Reformationszeit [Glarean, Dodekachordon 1547] neben den anderen anerkannt wurden, da sie stets als zu „weltlich" galten, sind der äolische auf A und der ionische auf C. Entspricht der erste unserer melodischen Molltonleiter abwärts, so deckt sich das Ionische ganz mit unserem Durgeschlecht. Also:

5. **Äolisch** *A, h, c, d, e, f, g, a,* finalis in *a,* [nicht zu verwechseln mit phrygisch, dessen finalis in *e* zur Ruhe kommt].

6. **Ionisch** *C, d, e, f, g, a, h, c,* finalis in *c,* Ut-modus, Halbtöne 3-4,7-8, ionisch-plagal *G-g,* finalis in *c,* nicht zu verwechseln mit mixolydisch, das zwar auch von *G-g* reicht, aber seine finalis in *g* hat. Überblicken wir nunmehr die Kirchentonarten, so stellen wir an ihrem Bau fest, daß jede von ihnen durch die Eigenart der Stellung der beiden Halbtöne gekennzeichnet ist. Dabei haben immer je 2 die gleiche Halbtonstellung in dem unteren Tetrachord [4-Tonreihe] z. B. dorisch gleich äolisch, mixolydisch gleich ionisch; dafür aber unterscheiden diese sich in ihrem oberen Tetrachord durch die Stellung des Halbtones. Dieser ist bei dorisch 6-7, bei äolisch aber 5-6. Bei mixolydisch und ionisch steht über dem gleichen Tetrachord mit 3-4 einmal ein Tetrachord mit 6-7, bei ionisch aber mit 7-8.

Diese Struktur der Kirchentonarten erlaubt ihre **Transposition.** Man kann also nicht nur auf *d* sondern auch auf *c, g, a,* oder *e* eine dorische Tonleiter errichten. Entscheidend ist, daß c-dorisch die charakteristischen Halbtonstellungen des Re-modus aufweist: 2-3, 6-7. Das ergibt eine Tonleiter $\overset{1}{c}$ - $\overset{2}{d}$ - $\overset{3}{es}$ - $\overset{4}{f}$ - $\overset{5}{g}$ - $\overset{6}{a}$ - $\overset{7}{b}$ - $\overset{8}{c}$. Dieses c-dorisch weist also 2♭ auf und ist, banal gesprochen, eine Art Re-modus in B-dur. Außerdem erinnert uns das C-dorisch mit seinen 2 ♭ daran, daß noch Joh. Seb. Bach Stücke, die ihrer klaren Funktion nach für unser heutiges Empfinden reines c-moll darstellen, fast durchweg statt mit 3♭ nur mit 2♭ notiert, da für ihn die altehrwürdige dorische Kirchentonart noch keineswegs so endgültig entthront war, wie es Mattheson in seinem „Beschützten Orchester" [1717] verkündet hatte. Ein nach *g* transponiertes dorisch enthält die Töne *g - a- b - c - d - e - f - g* und dementsprechend 1♭ vorgezeichnet. Dorisch auf a brauchte ein ♯. Rechnet man es nach, so stellt man wieder fest, dorisch ist der Re-modus hier [bei a] von der Tonart auf G,: also ein ♯. Transponieren wir phrygisch auf c, und berücksichtigen, daß die Halbtöne zwischen 1-2 und 5-6 stehen müssen, so erhalten wir $\overset{1}{c}$ - $\overset{2}{des}$ - $\overset{3}{es}$ - $\overset{4}{f}$ - $\overset{5}{g}$ - $\overset{6}{as}$ - $\overset{7}{b}$ - $\overset{8}{c}$. Dies sind 4♭ [As-dur], der Schluß auf *c* erklärt in Verbindung mit den Vorzeichen, daß *c* als *mi* [3. Stufe] von As-dur aufzufassen sei.

Auf diese Weise kann man nun auch umgekehrt aus finalis und Vorzeichen die Modalität eines Stückes erkennen. Z. B. ein Stück endet in *h* und hat ein ♯ vorgezeichnet. Denkweg: Ein ♯, also G-dur. Finalis *h*, also Mi-modus. Ergebnis: phrygisch, Kontrolle: phrygisch = 1-2, 5-6. Unsere Reihe *H - c - d - e - fis - g - a - h* entspricht dem in der Stellung ihrer Halbtöne. Bestimme ähnlich *d* mit einem ♯. Denkweg: Ein ♯ = G-dur, finalis *d* = 5. Stufe = Sol-modus = mixolydisch. Kontrolle: *D - e- fis - g - a - h - c - d* enthält Halbtöne 3-4, 6-7. Stimmt für mixolydisch.

Beispiele: In welchem modus steht eine Melodie, deren finalis auf *a* endet, wenn sie ein ♯ vorgezeichnet hat? Oder 2 ♯? 3 ♯? 4♯? 1♭? Bestimme entsprechend *F* mit null ♭, mit 1 ♭, 2 ♭, 3 ♭, 4 ♭, 5 ♭. *D* mit 2 ♭, 3 ♯, einem ♭, einem ♯. *G* mit 3 ♭, *B* mit 4♭, *Fis* mit 2 ♯, mit 3 ♯ usw. Zur Übersicht seien die modi noch einmal in einer kurzen Tabelle zusammengefaßt.

			[finalis]		[Halbtöne]
Dorisch		d – d′	D	re-modus	2-3, 6-7
"	[plag.]	A – a,	D		
Phrygisch		e – e′	E	mi-modus 1	1-2, 5-6
"	[plag.]	H – h,	E		
Lydisch		f – f′	F	fa-modus	4-5, 7-8
"	[plag.]	c c′	F		
Mixolydisch		g – g′	G	sol-modus	3-4, 6-7
"	[plag.]	d – d′	G		
Äolisch		a – a′	A	la-modus	2-3, 5-6
"	[plag.]	e – e′	A		
Ionisch		c – c′	C	ut-modus	3-4, 7-8
"	[plag.]	G – g,	C		

Eine besonders gefürchtete „schulmäßige" Aufgabe besteht in der Beherrschung der sogenannten „kirchentonartlichen Schlüsse". Aus der Einleitung dieses Kapitels wird jeder mit Recht bemerken, daß die ihrem Wesen nach melodisch-einstimmig-unbegleiteten Kirchentonarten ja doch eigentlich keine festen harmonischen Schlüsse haben dürften, da sie funktionsfrei sind. Nun hat aber die Entwicklung der Mehrstimmigkeit vom 14. bis zum 16. Jahrhundert nicht nur die Wirkung des melodischen Schlußfalles dadurch intensiviert, daß der vorletzte Ton Leitetonkraft erhielt, daß also eine dorische Melodie als vorletzten Ton das *cis* statt des *c* bekam, sondern sie hat darüber hinaus die Schlußwirkung der Klänge gesteigert. Dies geschah dadurch, daß außer der Leitetonwirkung im vorletzten Akkord auch der letzte Akkord zu Grundton, Quinte und Oktave nun noch die wohlklingende große Terz erhielt, auch dort, wo dafür chromatische Veränderungen erforderlich waren. So erhält also der volle dorische Schluß im vorletzten Akkord ein *cis* statt *c* und im letzten Akkord das *fis* statt *f*. Entsprechend muß bei dem äolischen Schluß der vorletzte Akkord den Leiteton *gis* als

Verschärfung des *g* erhalten, während der Schlußakkord mit dem *cis* als der großen Terz statt mit dem leitereigenen *c* endet.

Eine Ausnahme hiervon bildet der in neuerer Musik besonders häufig vorkommende phrygische Schluß. Würde man dabei den Leiteton *d* zu *dis* erhöhen, ergäbe es zu dem besonders charakteristischen *f* eine übermäßige Sexte. Diese schwelgerische Wirkung ist in alter Musik nicht zu finden. Erst in der neapolitanischen Opernschule [z. B. in einer Vivaldi-Arie] zu Anfang des 18. Jahrhunderts finden wir solche Schlüsse, die seit Mozarts Zeit und in der romantischen Harmonik besonders üppig zu wuchern begonnen haben. Der typische alte phrygische Schluß hat folgende Entwicklung: phrygisch z. B. von *E-e,* melodischer Schluß *f-e* oder *d-e.* Setzt man eine 2. Stimme dagegen, so schließt diese melodisch mit *d-e* bzw. mit *f-e.* In einem 3-stimmigen Satz heißt der vorletzte Akkord also entweder *d-a-f* oder *f-a-d,* beide Akkorde lösen sich in einen Schlußakkord auf, dessen Außenstimmen normalerweise *E* und *e* sind. Dazu kommt in der Mittelstimme als Terzklang entsprechend den anderen Kirchentonarten die erhöhte Terz [*gis*]. Vergleichen wir dies noch einmal mit der Auffassung von phrygisch als Mi-modus, so könnte man es so darstellen: der phrygische Schluß bestehe aus *re-mi* oder, banal gesagt, aus II [bzw. II_6 -Akkord] - III; oder aus IV [IV_6]-V in moll. Dieses Elegant- und Geschmeidigmachen der Kirchentonarten durch Erhöhung ihrer Leitetöne und Schlußterzen ist zwar sehr reizvoll und macht einen großen Teil der aparten Wirkung der Chöre früh- und hochbarocker Meister aus [Monteverdi, Schütz und Schein], ist aber doch keine satztechnische Notwendigkeit. Sicher ist in der gotischen Polyphonie bis incl. Josquin und auch in der neuen Zeit wieder, seitdem die Kirchentonartlichkeit im neugregorianischen Stil der Orgelbewegung um 1920 neues Leben erhalten hat, die Schlüssigkeit kirchentonartlicher Melodiezüge auch ohne die Verwendung von Leittönen und ohne große Schlußterzen als befriedigend aufgefaßt worden. Es läßt sich nicht leugnen, daß die angeführten, schulmäßig erlernten

„Kirchentonschlüsse" [mit Ausnahme der phrygischen] eine verdächtige Ähnlichkeit mit den authentischen Schlüssen in Dur und moll V-I haben. Gerade diese kadenzierende Wirkung stört den melodischen Charakter echter Kirchentonartlichkeit.

Kirchentonarten

Dorisch

Phrygisch

Lydisch

Mixolydisch

Äolisch

Schlußformeln

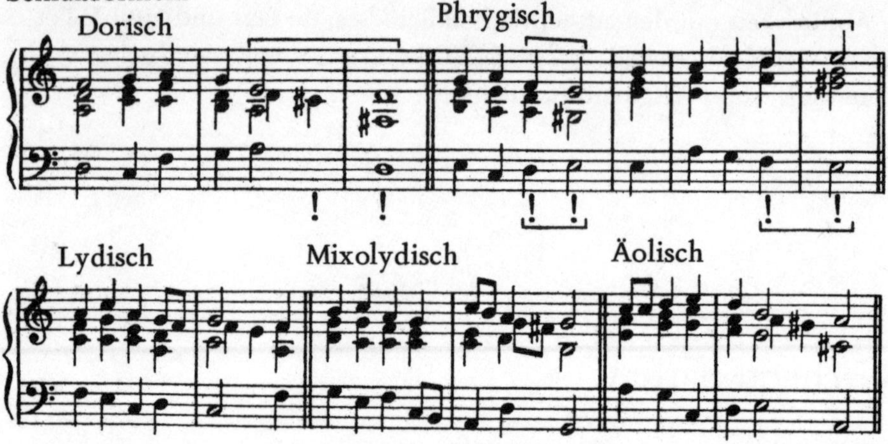

Harmonisations-Lehre

Soll zu einer gegebenen Melodie eine Begleitung gefunden werden, so kann diese entweder die einfachen Grundfunktionen [Tonika, Dominante, Subdominante], als Stütze benutzen, oder einen „Satz" aus einer oder mehreren Gegenstimmen bilden. Die erste Art ist die „harmonisch-begleitende Homophonie" [z. B. Sonaten von Mozart], die zweite eine „Polyphonie", sofern die Gegenstimmen [Kontrapunkte] zur Hauptmelodie [cantus firmus] selbständige melodische Linien darstellen, die sich trotz rhythmischen Eigenlebens doch harmonisch-kadenzierend binden können [Bachs Sätze!] Aber auch wenn sich die Selbständigkeit der Stimmen in gleichförmiger Rhythmik der Hauptmelodie unterordnet [kontrapunkt. Homophonie, einfacher Choralstil], kann wenigstens der Baß als Repräsentant der harmonisch-ergänzenden Mittelstimmen melodische Formung erhalten. Deshalb wollen wir für die Begleitung von schlichten Choralmelodien zunächst die **Generalbaß**schreibweise benutzen [harmonisch-gebundene Polyphonie.] Dabei müssen wir uns vergegenwärtigen, daß nicht jede Melodie, wie es seit Rousseau's Zeiten [um 1760] erklärt wurde, nur „die Spitze von Harmonien" darstellt, was für einfache Melodien [etwa von 1750-1850] zutreffen mag, deren „immanente Harmonien" wir oft gleich mithören, – sondern daß gerade die schönsten alten Lieder und Choräle, sowie die heutigen Melodien vielfach kadenzfrei und ohne feste harmonische Verpflichtungen sind, denen eben am besten gleichberechtigte „Stimmen" als Partner zur Seite treten!

In der „Satzlehre" müssen wir lernen, welche Töne [und Akkorde] zueinander passen.

Grundsätzlich merke:
Zu jedem melodischen Kernton paßt immer [als Konsonanz]:
1. Terz oder Sexte; 2. Quinte oder Oktave.

Zu: *c c c c* *d d d d* *e e e e* usw. Davon gebraucht man
e a c f *h f g d* *c g a e* am häufigsten:

das $\underline{C}$ mit *e* [I]; $\underline{d}$ mit *h* oder *g* [$V_{[6]}$] oder *f* [II_6 in Schlußkadenz]; das $\underline{e}$ mit *c* [I]; das $\underline{f}$ mit *d* [V^4_3], *a* [IV_6], *h* [V^6_5]; *g* mit *e* [I_6], wenn es zu *a* geht [I_6-IV]; *g* mit *h* [V_6], wenn es zu *e* strebt [V_6-I];
$\underline{a}$ mit *f* [IV], das $\underline{h}$ mit *g* [V] oder *d* [VII_6].

Dissonanzen [Sept. Sekunde, auch Quarte ($^6_4$)] nur verwenden, wenn die Melodie ihre Auflösung ermöglicht! Benutze oft Gegenbewegung! Durchgangsnoten und Vorhalte bereichern den Satz. Erst Konsonanzen und einfachste Akkorde benutzen!

3. **Harmonisationen der Tonleiter** – als Vorbereitung für den Choralsatz: Konsonanzen, einfache Akkorde [6, $^{6}_{5}$, 87], Gegenbewegung, melodischer Baß. Beachte: *h* aufwärts: mit *d* [VII_6] abwärts mit *e* [III];
g [V]
am Schluß *d* mit *f* [II^{6}_{5}] und *g* [V_{87}] typische Choralkadenz. Alle diatonische Melodik fußt auf der Tonleiter und ihrer Harmonisation.

Choral-Harmonisation

Sowohl aus stilistischen wie aus methodischen Gründen ist der Choral mit seiner Schlichtheit das geeignetste Ausgangsgebiet für die Erlernung des Harmonisierens. Da nun, wie wir sahen, die Generalbaßtechnik das ideale Mittel zwischen harmonischem und linearem Satz darstellt, wollen wir also beim Suchen der Begleitung **nicht** zuerst nach den **Funktionen** fragen [ob **I**, **V**, **VI**, **IV** usw...], sondern nach dem **passenden Baßton**, der in erster Linie **Terz** oder **Sexte**, danach **Oktave** oder **Quinte** sein wird. – Jeder Melodieton soll einen Baßton erhalten; dieser soll nicht wiederholt werden und keine unmelodischen Sprünge machen. Singe stets den gefundenen Baß wie eine „zweite Stimme" zur Oberstimme. Die Mittelstimmen ergeben fast immer die Ergänzung zu Grundform- oder Sextakkorden. Terzsprünge des Basses kann man mit Durchgangstönen verbinden. Die 𝄐 bedeuten keine Haltestellen sondern Phrasenenden, die immer im **voraus** beachtet werden müssen, da oft im Hinblick auf diese der vor- und drittletzte Akkord bestimmte Verpflichtungen hat [Modulation, Kadenz, phrygischer Schluß]. Einige Wendungen, die in zahlreichen Chorälen stereotyp wiederkehren, kann man wie Vokabeln lernen.

Häufig ist der „Sextakkord-Durchgang". Außenstimmen nicht zu lange parallel führen! An Schlüssen streng kadenzieren! Aus methodischen Gründen benutzen wir zu Anfang die alte Form der öden ♩ ♩ ♩ ♩ ♩ ♩ und erst später die lebendige [ursprüngliche] rhytmisch freie Form, wenn auch der Satz fließt!

„Gott des Himmels"

„Lobe den Herren"

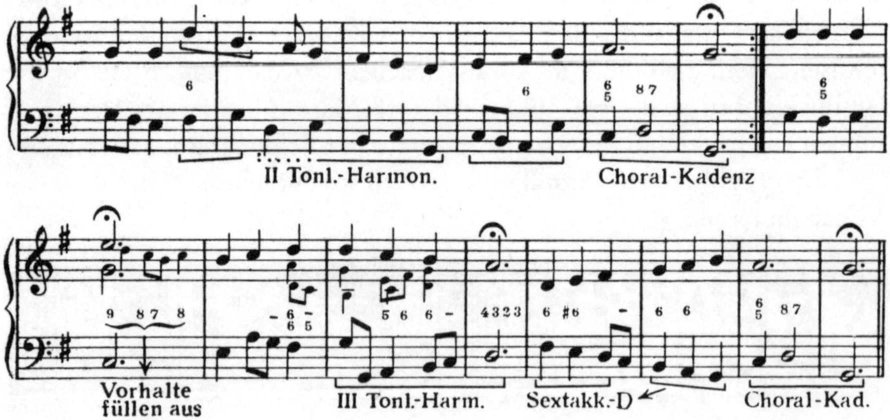

„Liebster Jesu, wir sind hier"

III Tonl.-Harm.

„Mach's mit mir, Gott"

Beispiele für den schlichten Choralsatz

„Nun danket alle Gott"

„O daß ich tausend Zungen hätte"

„Ach bleib mit deiner Gnade"

„Nun ruhen alle Wälder"

„Wie schön leuchtet der Morgenstern"

„Es ist das Heil uns kommen her"

„Jesus meine Zuversicht"

„Ein feste Burg"

„Was Gott tut, das ist wohlgetan"

„Eins ist Not"

„Sollt ich meinem Gott nicht singen"

Harmonisation kirchentonartlicher Choräle

Kirchentonartliche Melodien 4-stimmig „harmonisch" zu setzen, enthält eine gewisse Widersinnigkeit, da, wie wir früher sahen, zum Wesen der Kirchentonarten ihre Harmonie- und Funktionsfremdheit [im Sinne von Dur und moll] gehört. Wenn wir statt des angemessenen kontrapunktischen „Satzes" nun doch einen „harmonischen" Satz finden sollen, so werden wir [z. T. unbewußt!] die alten Melodien in Dur und moll „umdenken" und ähnlich wie die anderen Choräle harmonisieren. Je freier und selbständiger der Baß läuft, um so näher kommen wir [neben der „Richtigkeit"] auch der „Eigenart" solcher alten Melodien. Manche harte, kadenzfreie Wendung ist echter als die [viel bequemere] elegante Chromatik, – wie ein Vergleich mit Haßlers „Kirchengesäng" (1608) oder Schützens 4-stimmigen Psalmliedern lehrt. Schließlich muß stets berücksichtigt werden, daß unser erstes Ziel ist, die erlernbare Technik einer ausbaufähigen Harmonisation zu erwerben, nicht das unverstandene Nachahmen stilgebundener, ausdrucksbedingter Schöpfungen von höchster Vollendung [Choralsätze von Bach, Reger, Pepping].

„O Haupt voll Blut und Wunden"

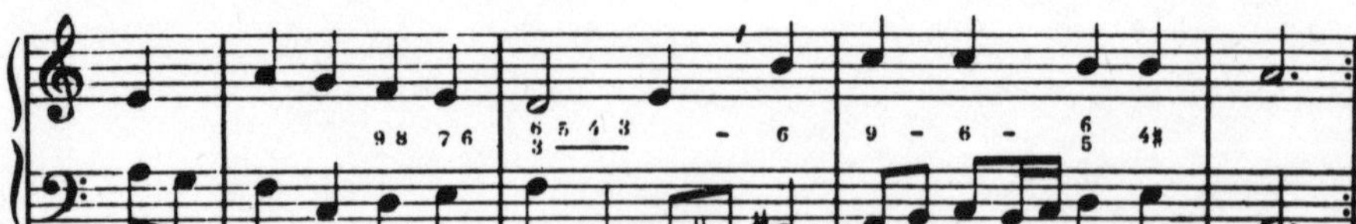

„Herzliebster Jesu"

„Wenn meine Sünd mich kränken"

Der vorbildliche 4-stimmige Choralsatz ist derjenige, der von 4 Stimmen a cappella gesungen werden kann. – Die vorstehenden Beispiele sind mit dem Blick auf leichte Verständlichkeit und strenge Einfachheit aus der Fülle unendlicher Möglichkeiten ausgewählt. Aber auch hier sollte man beim Üben zunächst alle Durchgänge Vorhalte, Umlagerungen usw. auslassen, um so die einfachste Gestalt zu finden. Versuche stets auch andere Wendungen und Schlüsse zu benutzen.

Harmonisation liedhafter Melodien

Die Verbindung zwischen Chorälen und weltlichen Melodien ist vielfältig, sind doch beide „Lieder", von denen viele nur durch Umgestaltung des Textes [„Parodie"] zum Kirchenlied verwandelt wurden. Berühmteste Beispiele dieser Art sind:„Innsbruck, ich muß dich lassen" [Isaac, um 1500]-„O Welt, ich muß dich lassen" und „Mein Gmüt ist mir verwirret" [Liebeslied in Haßlers „Lustgärtlein..." 1601], das die Melodie „O Haupt voll Blut und Wunden" enthält. Für das „strenge" Harmonisieren solcher einfachen Melodien ist das bei den Chorälen Gelernte die Grundlage. Dazu kommen viele Erleichterungen und Bereicherungen, die uns z. T. schon vom Kadenzieren und Modulieren her bekannt und geläufig sind: Sextakkord-Durchgänge, Kadenz mit $^{6}_{4}$, vermindertem 7-Akkord [z. B. auf der erhöhten 4. Stufe], der „Romantische Durchgang" zur VI, Chromatik, mehr Parallelität der Außenstimmen, nicht immer Note gegen Note; – dies alles hängt von dem Urteil des Geschmacks ab, welche Art der Begleitung [stilistisch und ausdrucksmäßig] einer Melodie angemessen ist. Da es sich hierbei meist um einen sogenannten **Klaviersatz** handelt, ist es nicht so nötig, immer streng 4-stimmig zu bleiben, als vielmehr das **Ohr** zu schulen, festzustellen, was „**klingt**"! Darum mehr spielen [und hören, voraushören!] als schreiben!

Beachte: Bewegten Melodien genügen 3, ja 2 Stimmen. Schlüsse brauchen volle Kadenzen. Auftakt kann unharmonisiert bleiben. Melodische Akkordbrechungen zusammenfassen!

Merke: Kommt ein Ton auf einem leichten Taktteil und danach auf dem schweren wieder, so muß die Harmonie wechseln; meist wird er als **Vorhalt** zu behandeln sein.

Es bereitet im Anfang meist Schwierigkeiten: zu erkennen, welche Töne **Kerntöne** der Melodie und welche „uneigentlich" sind. Kommen im $\frac{4}{4}$-$\frac{3}{4}$-$\frac{2}{4}$ - Takt Achtel, so kann das 1. Achtel „eigentlich" sein; dann ist das 2.: Durchgangston; oder es kann das 2. Achtel „eigentlich" sein; dann ist das 1.: Vorhaltston.

Unterscheide:

dagegen:

Kontrolle: Singe Melodie **ohne uneigentliche** Töne! Ohne die Kerntöne wäre die Melodie jedoch lahm!

Folgende zwei Melodien [von Juon] mögen als Beispiele für die einfache Harmonisierung schlichter Melodien gelten.

Graziöse Melodie am besten dreistimmig

Baß oft parallel; Alt „füllt"; Schluß-: Kadenz

Harmonisiere ähnlich folgende Melodien:

Aufgaben zur Harmonisation von Melodien

[phrygisch]

Anleitung zur Volkslied-Harmonisation

Man sollte von jedem Musiker erwarten, daß er zu einer gegebenen Volksliedmelodie eine Begleitung improvisierend spielen könne; daß oft „ausgebildete" Pianisten nicht dazu imstande sind, muß man immer wieder mit Beschämung feststellen. Schuld daran ist zum Teil die alte Methode, die dem Theorieschüler durch ihre papierene Lebensferne jegliche Lust und Beziehung zu der eigentlichen Anwendung nahm, noch ehe er aus den verwickelten Anfängen heraus war. Seitdem aber in der Anfangsgehörbildung bereits die Improvisation gepflegt wird, und durch das Aufblühen schlichter Spielmusiken der plumpe 4-

stimmige Harmoniesatz veralteter „Volkslied-Alben" einem 2- oder 3-stimmigen meist kontrapunktischen Satz gewichen ist, [vgl. „Bruder Singer"] wird in einem wirklich auf die Praxis gerichteten Harmonieunterricht die Volksliedharmonisation schon bald nach der Akkordlehre und dem Kadenzspiel im Zusammenhang mit der Choralharmonisation entwickelt werden können.

Die musikalisch und methodisch einfachste Form des Volksliedes ist das **Kinderlied**. Man darf voraussetzen, daß die meisten Schüler leicht eine „2." Stimme [in Terzen und Sexten] zu einer solchen kleinen Melodie **singen** können. Bringen wir dies mit dem bisher Gelernten in Verbindung, so ergeben sich folgende Anweisungen für flüssige Liedbegleitungen:

Improvisierte Klavierbegleitungen zu Volks- und Kinderliedern sind am besten 3-stimmig. Es ist am leichtesten, die singbare „2. Stimme" eine Oktave tiefer als Unterstimme zu spielen und in der Mitte die ruhige Füllstimme [mit rechten Daumen], die meist auf der 1. oder 5. Stufe liegen bleiben kann. Schlüsse erhalten volle Kadenzen [oft 4-stimmig]; Auftakt 1- oder 2-stimmig. Nicht jede Note harmonisieren!

Erkenne Vorhaltstöne:  Benutze die sogenannte

„Hornquinte":  wenn die Melodie do-re-mi 1-2-3 oder mi-re-do 3-2-1

geht

Beurteile im Zweifel [ob Terz, Sexte oder Quinte als Begleitton] nach dem, was folgt! Spiele und höre zu! Wenn die Terz fremd klingt, wird Sexte [oder Quinte] meist passen.

Beispiele zur Volkslied-Harmonisation

Analyse: Melodiekern ist:

„Mischform": a [2 Takte, werden wiederholt] b und a [je 2 Takte] [eigentlich dreiteilige Form!]

g erhält *h* [I_6]; *a* nicht *fis* oder *d*, weil *fis* folgt, das zwingend *d* erfordert; deshalb zum *a* das *c* als II_6; die kadenzierende Wirkung wird am Schluß deutlich. Das 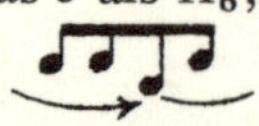 *e* zwischen den *fis* ist wie eine ausgeschriebene Verzierung [⁎ = Mordent] „uneigentlich", wird also nicht mit einer eigenen Harmonie versehen. Takt 5 und 6 können ganz parallel gehen [typisch für Kinderlieder]. In Takt 7 kann das *d* im Alt zu *e* [als Sept.] liegen bleiben und aufwärts gehen: der Baß übernimmt die Auflösung.

Kinder- und Volkslieder in schlichtem Klaviersatz

„Der Bauer"

„Dornröschen"

„Trauer“

„Ein Männlein"

„Fuchs beiß mich nicht"

„Alle Vöglein sind schon da"

„Es waren einst zwei Königskinder"

Dieses Lied wegen seiner elegischen Stimmung einen reicheren meist 4-stimmigen Satz bevorzugen [Gegenstimmen; phrygisch und Trugschluß].

Der Melodiekern [mit klarem „Stufengang“] ist immer erst zu bilden. Er erleichtert das Hören und Bestimmen der geeigneten Begleitung, die mit entsprechend einfachen Grundnoten zu suchen ist!

Volkslieder in freierem Satz

für Klavier oder verschiedene Instrumente

So, wie man Choralsätze prüft, ob sie 4-stimmig **gesungen** klingen, sollte man Liedsätze von mehreren Instrumenten **spielen** lassen, um hören zu lernen, ob und wann Haupt- und Nebenstimmen **für sich und zusammen** gut klingen!

„Wenn alle Brünnlein fließen"

„Nun ade, du mein lieb Heimatland"

„Es fiel ein Reif"

„Es taget vor dem Walde"

Mit diesen alten kirchentonartlichen Volksliedern haben wir ein Gebiet erreicht, wo beim „Satz“ nicht mehr das strenge schulmäßige „Harmonisieren“ allein am Platze ist, sondern eine freiere, einfallsbedingtere Schreibart, die einer kontrapunktischen Satzlehre nahesteht. Man kann mit Genugtuung feststellen, daß in weiteren Kreisen der Begriff „Kontrapunkt“ [als „Satzlehre“] heute nicht mehr geheimes Erschauern auslöst, da das Erfinden kleiner Stimmen und Gegenstimmen für viele Musiktreibende kaum mehr bedeutet, als das anzuwenden, was man täglich ausübt und hört. Notwendige Voraussetzung dafür ist, daß die Gesetzmäßigkeiten verstanden und ihre Anwendungen an klingender Musik planmäßig erarbeitet werden. Ausblicke auf erste freiere Anwendungsarten der Begleitstimmen mögen folgende Sätze geben, die immer noch im Rahmen des tonikalen Systems bleiben.

„Wer will fleißige Handwerker sehn”

„Schneeflöckchen"

„Heißa Kathreinerle"

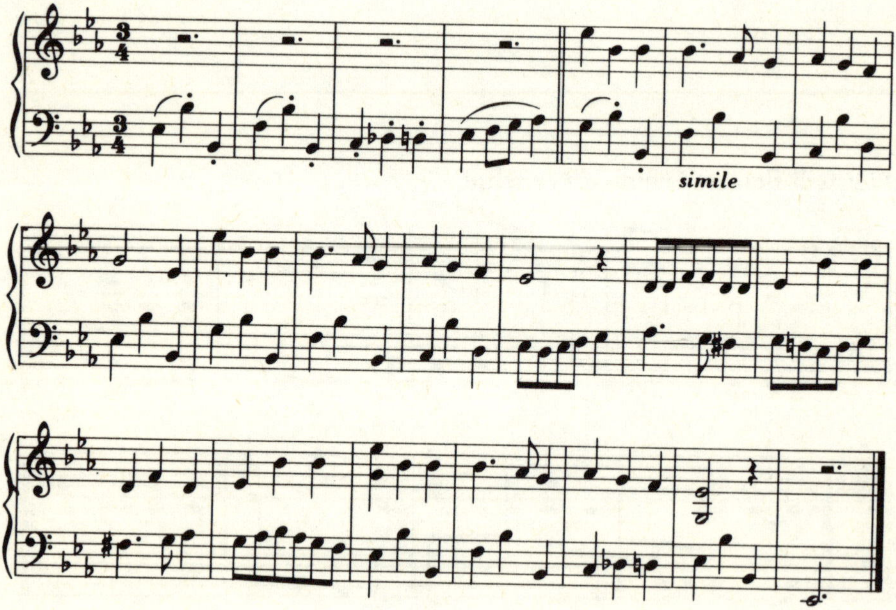

„Morgen wolln wir Hafer mähn“

„Es wollt ein Schneider wandern"

Bitte beachten Sie
auch die folgenden Seiten

Musikpädagogische Bibliothek

Begründet von L. Kestenberg, fortgeführt von W. Kolneder

Band 1 EBERHARD PREUSSNER
Allgemeine Musikerziehung
116 Seiten, kartoniert, ISBN 3-7959-0153-7

Band 2 CURT SACHS
Vergleichende Musikwissenschaft — Musik der Fremdkulturen
76 Seiten mit zahlreichen Notenbeispielen, kartoniert, ISBN 3-7959-0154-5

Band 3 CESAR BRESGEN
Die Improvisation
88 Seiten mit zahlreichen Notenbeispielen, kartoniert, ISBN 3-7959-0155-3

Band 4 FRIEDA LOEBENSTEIN
Klavierpädagogik
100 Seiten mit zahlreichen Notenbeispielen, kartoniert, ISBN 3-7959-0156-1

Band 5 WALTER KOLNEDER
Geschichte der Musik. Ein Studien- und Prüfungshelfer
78 Seiten, kartoniert, ISBN 3-7959-0157-X

Band 6 EBERHARD PREUSSNER
Wie studiere ich Musik? Ein Ratgeber
64 Seiten, kartoniert, ISBN 3-7959-0158-8

Heinrichshofen's Verlag, Wilhelmshaven - Hamburg

Musikpädagogische Bibliothek

Begründet von L. Kestenberg, fortgeführt von W. Kolneder

Band 7 WALTER KOLNEDER
Musikinstrumentenkunde. Ein Studien- und Prüfungshelfer
44 Seiten mit zahlreichen Abbildungen und Notenbeispielen, kartoniert, ISBN 3-7959-0159-6

Band 8 DIETRICH STOVEROCK
Gehörbildung. Geschichte und Methode
70 Seiten mit zahlreichen Abbildungen und Notenbeispielen, kartoniert, ISBN 3-7959-0160-X

Band 9 ELISABETH FISCHER-JUNGHANN
Gesangsbildungslehre. Der Gesang am Scheidewege
86 Seiten, kartoniert, ISBN 3-7959-0161-8

Band 10 GERD WATKINSON
Singleitung. Eine Werkstattlehre
136 Seiten mit zahlreichen Notenbeispielen, kartoniert, ISBN 3-7959-0162-6

Band 11 CESAR BRESGEN
Musikerziehung? Ein kritisches Protokoll
60 Seiten, kartoniert, ISBN 3-7959-0177-4

Band 12 MAXIMILIAN HENNIG
Leitfaden zur Technik und Methodik des Violinspiels 48 Seiten mit Notenbeispielen, kartoniert, ISBN 3-7959-0204-5

Heinrichshofen's Verlag, Wilhelmshaven - Hamburg

Musikpädagogische Bibliothek

Begründet von L. Kestenberg, fortgeführt von W. Kolneder

Band 13 HANS PIMMER
Erfinde die zweite Stimme selbst
124 Seiten mit zahlreichen Notenbeispielen, kartoniert, ISBN 3-7959-0215-0

Band 14 CESAR BRESGEN
Im Anfang war der Rhythmus
104 Seiten mit zahlreichen Notenbeispielen, kartoniert, ISBN 3-7959-0217-7

Band 15 GERHARD BRAUN
Neue Klangwelt auf der Blockflöte. Eine Einführung in neue Ausdrucksformen, Spieltechniken und Notationsweisen
104 Seiten mit zahlreichen Notenbeispielen, kartoniert, ISBN 3-7959-0176-6

Die Reihe wird laufend fortgesetzt
Bitte fordern Sie einen aktuellen Katalog an

Heinrichshofen's Verlag, Wilhelmshaven - Hamburg
D-294 Wilhelmshaven, Liebigstrasse 16